병 고침 받은 자의 증언

췌장암은 내게 축복의 행진곡이었다

* 췌장암은 내게 축복의 행진곡이었다

지은이 김대경

펴낸 곳 크리스찬북뉴스

초판발행 2024년 9월 24일

등록번호 제2018-000039호

이메일 cbooknews@naver.com

홈페이지 www.cbooknews.com

신영통 사랑제일교회 031-205-9191

총판 기독교출판유통(031-906-9191, 팩스 0505-365-9191)

정가 13000원

ISBN 9791198911803

병 고침 받은 자의 증언

췌장암은 내게 축복의 행진곡이었다

김대경 지음

목 차

저자 서문   12

추천의 글   15

권순웅 주다산교회 담임목사   18

김종원 포곡제일교회 담임목사   20

방성일 하남교회 담임목사   21

박국상 의사   22

신성욱 아신대 설교학 교수   24

할렐루야 'The Revival'의 윤학렬 영화감독   26

안재훈 남서울제일교회 담임목사   27

이교남 전원교회 담임목사   30

이성진 생명샘교회 담임목사   32

소명을 따라서

어린 시절에 나를 부르신 하나님 36

청소년 시절의 신앙생활과 교회 봉사 40

군인교회에서 목회자 사명을 받고 43

우리 교회가 세워지게 된 이야기 48

췌장암은 하나님의 축복의 행진곡

몸에 이상이 오다   60

병원 응급실로 실려 가던 날   62

병원에서의 처참했던 풍경   65

평범해도 행복해야 하는 이유 69

왜 날 더 큰 병원으로 데려가려는 건지...   71

S 병원에서의 암 병동   74

그곳이 전도의 명소가 된 사연   77

췌장암으로 판명되고...   80

주치의의 말 한 마디에서 얻은 교훈   83

혈관에 이상이 있음을 발견하다   86

정상으로 바뀌어 있었던 혈관   89

수술 후에 잠깐 안심했던 시간   92

이미 전이된 암세포   95

방사선 치료를 포기하다   97

잘 아물지 않던 수술 부위   100

내가 죽음을 묵상하며 힘들어했던 이유   102

병원의 작은 교회   104

갖가지 일로 어려웠던 투병 생활   106

아플 때 만난 '먹거리 복음'   109

어머니의 품에 얼굴을 묻고...   113

죽음의 공간이 빚어낸 슬펐던 날의 추억   116

질병과 사람으로 인한 상처   120

나의 선한 사마리아인들

고마운 동기 이진규 목사님과 독수리 5형제   126

보고 싶은 이정근 목사님   129

잊을 수 없는 안종찬 목사님의 치유 기도   135

정용식 목사님의 영몽 이야기   138

병 고침 받은 자의 삶

정상 판정을 받던 그날의 감격　　　146

정상 판정 후의 전도와 갑작스런 장출혈　　151

믿음의 증거와 의학의 증거　155

치유의 이적은 기도를 통해서...　　159

전도는 나에게 주어진 하나님의 명령　163

주님의 지상명령　　166

전도의 효과　169

에필로그　　172

화성시 반월북길 61에 있는 신영통 사랑제일교회 전경

저자 서문

난데없이 제게 췌장암이 찾아왔습니다. 의사도 이미 림프절(임파선)에 암세포가 전이되어 있어서 생존을 보장하지 못하겠다고 했습니다. 정말 청천벽력과도 같은 일이었습니다. 한창 목회 사역을 열심히 하며 교회도 외적인 성장을 거듭하고 있었는데 갑자기 이런 일이 발생하다니요.

제가 건강할 때 우리 교회는 거의 매일 3회 기도회를 가졌고 저는 하루 3시간 이상 기도하는 것을 원칙으로 삼아 오랜 세월 기도의 삶을 살았습니다. 그런데도 암 중에서 가장 무섭다는 췌장암에 걸리다니 하나님이 야속하기까지 했습니다. 비록 목사였지만 이 상황을 납득하기가 매우 어려웠습니다.

그러나 제게 놀라운 치유의 이적이 나타났습니다. 저를 괴롭히던 췌장암이 온데간데없이 사라진 것입니다. 제 주치의였던 혈액 종양 내과 의사도 많이 놀라더군요.

이런 은혜를 받은 저는 가는 곳마다 살아계신 하나님을 증언하며 전도자의 삶을 살고 있습니다. 또한 제가 겪었던 고통을 기억하면서 질병으로 신음하는 환자를 위해 유튜브로 매일 치유 기도 사명을 감당하고 있습니다.

이에 더해 각 교회의 초청을 받아 치유 간증을 할 때 많은 성도가 하나님의 현존(現存)을 실제적으로 확인하며 믿음의 반석 위에 우뚝 서는 결과도 나타나고 있습니다.

이 모두가 하나님의 은총일 뿐입니다. 그리고 하나님은 기도에 전념했던 부족한 저를 불쌍히 여기셔서 우리 교회가 신도시에 세워지는 축복도 베풀어주셨습니다. 앞으로 남은 제 생애는 온 세상에 하나님의 권능을 선포하기 위해 최선을 다하며 병 고침 받은 자로서의 증언 사역에 충실한 종으로 바쳐지길 원합니다.

하지만 아직도 제 췌장암 완치 이야기를 모르시는 분들이 너무 많아 그동안 모아놓은 글을 엮어서 크리스찬북뉴스 대표이신 채천석 목사님의 적극적인 협력을 통해 책으로 출간하게 되었습니다.

조금 더 바랄 게 있다면 이 책이 성도님들의 신앙 강화용으로, 암환자나 중병환자, 일반인에게 효과적인 전도용 선물로 쓰이면 좋겠습니다. 주님께서 모든 분에게 건강 주시길 기원합니다.

"오직 하나님만이 영광을 받으소서."

추천의 글

이 책을 읽으시는 분은 먼저 전도의 불을 받을 것입니다. 또 비둘기같이 순결하고 뱀같이 지혜로운 능력을 소유하게 될 것입니다.
권순웅 주다산교회 담임목사

췌장암으로 죽음의 문턱까지 가본 사람의 이야기! "기도와 전도는 그리스도인의 두 날개"라고 외치는 사람의 이야기!
김종원 포곡제일교회 담임목사

이 책의 독자는 저자의 인생 여정 가운데 함께 걸어가시는 다정한 아빠 아버지를 보게 될 것이다. 방성일 하남교회 담임목사

이책의 독자는 독수리 같은 힘을 얻게 되며 하나님의 실존을 더욱 깊이 확신하게 될 것입니다.
박국상 의사

모두가 점령되고 만 췌장암과의 전쟁에서 김대경 목사님이 승리하고 우뚝 서게 된 이유가 뭘까? '영혼을 사랑하는 열정' 때문이 아닐까 생각한다. <u>신성욱 아신대 설교학 교수</u>

이 책 속에는 예수의 피, 살아계신 예수 그리스도의 음성이 방울방울, 생명의 핏방울이 되어 흘러나옵니다. <u>윤학렬 영화감독</u>

김 목사님은 특별하고 확실한 하나님의 치유를 체험하신 후 얼마나 건강이 중요한지를 절감하셨으며 이 사실을 만인 앞에 외치고 계신다. <u>안재훈 남서울제일교회 담임목사</u>

본 책은 한국 신학교에서 전도학의 실천 신학 교과서로, 병원선교에 새로운 이정표를 남기기에 손색이 없다. <u>이교남 전원교회 담임목사</u>

김 목사님의 삶은 기도 그 자체이고, 늘 기도로써 주님의 기적을 경험하면서 주변의 성도들과 목회자들에게 큰 도전을 주고 계신다. <u>이성진 생명샘교회 담임목사</u>

능력의 전도자, 김대경 목사님!

　제 총신대학원 동기이신 김대경 목사님은 능력의 전도자입니다. 그가 시무하시는 신영통 사랑제일교회는 바로 저희 주다산교회와 이웃해 있습니다. 우리 주다산교회가 논바닥에서 천막 교회로 출발할 때, 큰 도움을 주셨습니다. 교회를 건축할 수 있도록 건축회사 대표 장로님을 소개하며 기도의 사랑까지 베풀어 주셨습니다.

　이런 귀한 목사님이 어느 날 췌장암에 걸렸다는 소식을 들었습니다. 제 곁에는 췌장암으로 인해 별세하신 여러 지인 목사님들이 있습니다. 췌장암의 위험성을 익히 잘 알고 있는 저는 큰 걱정을 하고 기도만 드렸습니다.

　좀 시간이 지났습니다. 살아계신 하나님의 특별한 역사로 췌장암을 치유 받으셨습니다. 할렐루야!

　목사님을 보면 요나가 생각납니다. 큰 물고기의 뱃

속에 있었던 요나가 토함을 받고 난 뒤에, 니느웨로 가서 회개의 메시지를 선포하며 열정을 다해 전도했습니다. 김대경 목사님도 사망의 음침한 골짜기에서 주님의 능력으로 치유를 받고 전도의 불까지 받았습니다. 지금은 거의 날마다 전도에 자신의 삶을 바치고 계십니다.

사도행전 28장 31절에서 사도 바울이 복음을 "담대하게 거침없이 가르치더라"고 했습니다. 정말 거침없이 담대하게 복음을 전하시는 김대경 목사님을 누가 가로 막겠습니까.

금번에 그의 전도행전을 책으로 남기셨습니다. 이 책을 읽으시는 분은 먼저 전도의 불을 받을 것입니다. 또 비둘기같이 순결하고 뱀같이 지혜로운 능력을 소유하게 될 것입니다.

이에 기쁜 마음으로 추천을 드립니다.

권순웅 주다산교회 담임목사
대한예수교장로회(합동) 107회기 총회장

> "췌장암은 내게 축복의 행진곡이었다"

김대경 목사님의 옥동자 같은 책이 출간됨을 감사하며 축하드립니다.

저자는 저와 총신대학교 신학대학원 동기입니다. 평소에 김 목사님의 인생 여정과 하나님을 향한 귀한 삶이 그냥 묻히기에 아깝다는 생각이 많았습니다. 그래서 우리교회로 초청하여 간증을 듣기도 했습니다. 더 많은 사람들에게 알려졌으면 좋겠다는 생각이었는데 책으로나마 알려지게 되니 쌍수를 들어 추천합니다.

캄캄한 밤에 별을 보는 사람의 이야기!

캄캄한 밤에 별이 된 사람의 이야기!

췌장암으로 죽음의 문턱까지 가본 사람의 이야기!

육체의 죽음 이후를 깊이 고민해본 사람의
이야기!

생명과 영생과 천국을 깊이 느낀 사람의 이야기!

하나님의 은혜로 살아난 사람의 이야기!

하나님의 은혜를 전하기 위해 몸부림치는 사람의 이야기!

기도에 불타는 사람의 이야기!

전도에 불타는 사람의 이야기!

"기도와 전도는 그리스도인의 두 날개"라고 외치는 사람의 이야기!

이 책 덕분에 많은 사람이 기도와 전도의 용광로에 들어가기를 기대합니다. 이 책의 저자 때문에 예수님을 믿는 사람들이 많아지기를 기대합니다.

"나사로 때문에 많은 유대인이 가서 예수를 믿음이러라"(요한복음 12:11)

김종원 포곡제일교회 담임목사

총신대학 신학대학원 총동창회 제16대 후원이사장

살아계신 하나님

이 책을 통해 뚜렷하게 드러나는 것 하나가 있다.

"하나님은 살아계십니다."

하나님은 성경 속에만 갇혀 계시는 분이 아니다. 사람의 머릿속 이론만의 하나님도 아니다. 이 사실을 증언하는 『췌장암은 내게 축복의 행진곡이었다』란 책을 읽게 되면 저자의 인생 여정 가운데 함께 걸어가시는 다정한 아빠 아버지를 보게 될 것이다.

방성일 하남교회 담임목사

아신대 설교학 교수

치유의 하나님을 찬양하며

어릴 때 교회를 같이 다니던 깨복쟁이 고향 친구가 주님의 부르심을 받고 목사가 되었습니다. 주님의 특별한 은총으로 교회를 개척하여 말씀 전하기와 기도에 헌신을 다했고, 주님의 인도하심으로 목회의 어려운 길목마다 큰 은혜를 받아 교회 부흥까지 이루셨습니다. 특히 의학적으로 불치에 가까운 췌장암으로 극심한 고통과 절망에서 힘들어할 때 그를 죽음 가운데서 구해주신 치유의 하나님께 절절히 감사하며, 이제는 정열적으로 구원의 복음을 전파하는 일에 헌신하는 김대경 목사님의 전도 후기를 읽노라면 실제적인 성령님의 역사를 목격하게 되고 믿음의 길을 걷는 형제자매들도 독수리 같은 힘을 얻게 되며 처음 읽는 독자들은 하나님의 실존을 더욱 깊이 확신하게 될 것입니다.

박국상 의사

영혼의 열정을 가진 자

'췌장암'을 선고받고 살아난 이가 있을까? '췌장암'이란 병은 '백 프로 사망하는 병'으로 잘 알려져 있다. 세계 최고 부자 반열에 오른 스티브 잡스(Steve Jobs)도 췌장암에 시달리다가 가지 않았는가. 그런데 췌장암이란 그 무시무시한 질병에서도 오롯이 살아난 이가 있다. 그가 바로 이 책의 저자인 김대경 목사이다.

김 목사는 나와 총신 신대원 같은 반에서 3년간 공부했던 친구 목사이다. 그가 췌장암에 걸렸다는 소식을 듣고 기도는 했지만, 솔직히 '췌장암이 또 한 사람 희생시키겠구나!'라는 생각을 갖지 않은 건 아니다. 하지만 그는 천하무적 췌장암과의 힘겨운 싸움에서 살아났다. 그렇다. 이유가 뭘까?

김대경 목사는 췌장암에 희생되지 않은 '예외적인 케이스'로 하나님이 놀랍게 사용하고 계신다. 모두가 점령되고 만 췌장암과의 전쟁에서 김 목사가 승리하고 우뚝 서게 된 이유가 뭘까? '영혼을 사랑하는 열정' 때문이 아닐까 생각한다.

췌장암이 발병하기 전 내가 알고 있던 김대경 목사는 거의 매일 교회에서 성도들과 전도를 위한 기도회를 하던 사람이다. 하나님은 '구령의 열정'으로 가득 찬 이런 종을 일찍 데려가기를 원치 않으셨을 것이다.

실제로 췌장암에서 승리한 이후 영혼을 향한 그의 뜨거운 마음은 이전과는 족히 비교가 되지 않는다. 나는 온 힘 다해 전도하는 모습을 동기들 단톡방에서 지켜보고 있다.

『췌장암은 내게 축복의 행진곡이었다』는 가장 어울리는 그의 저서 제목이라고 생각한다. 저자가 쓴 이 책을 통해서 하나님의 위대한 손길을 발견하고 새로운 힘과 위로를 얻게 되기를 간절히 바란다.

신성욱 아신대 설교학 교수

> 이 표적을 전도의 도구로 사용하소서!

하나님은 하나님의 사람을 캐스팅하십니다. 원산 평양의 부흥의 불, 보혈의 피, 부흥의 기적이 있는 이 땅에 가난한 소년, 김대경 목사님을 선택하셨습니다. 한 사람의 삶을 통해 동행하시고 내주하시면서 마음의 소원을 주어 행하시는 하나님께 영광을 올립니다.

김대경 목사님의 삶의 고비마다, 순간순간마다 목자이신 하나님의 계획하심과 이끄심을 살펴봅니다. 췌장암 환자로 이 표적을 전도의 도구로 사용하시는 주님께 영광 바칩니다.

김대경 목사님의 『췌장암은 내게 축복의 행진곡이었다』라는 책 속에는 예수의 피, 살아계신 예수 그리스도의 음성이 방울방울, 생명의 핏방울이 되어 흘러나옵니다.

제국의 시선, 세상의 시선, 인간의 과학으로는 생명 연장이 불가능한 췌장암 환자에게 천국의 빛, 하나님의 시선, 영의 속한 사람이 누리는 기쁨을 허락하셨습니다.

이제 전도자로 살아가는 김대경 목사님에게 "10억 구령, 빌리언 소울 하베스트"(Billion Soul Harvest) 사명이 있음을 선포합니다.

이 책은 단순한 간증서가 아니라 살아계신 예수님, 부활하신 예수님을 다음 세대에게 증거하는 보혈의 피입니다. 예수의 피, 그 생명의 피비린내를 이 책을 통해 맡아보십시오!

예수님은 살아계십니다. 예수님이 김대경 목사님의 췌장암을 완치하셨듯이, 당신의 질병도 치유해 주십니다.

할렐루야 'The Revival'의 윤학렬 영화감독

병자만이 건강의 소중함을 안다

날로 암 환자가 증가하는 시대에 김대경 목사님은 이렇게 말한다. "췌장암은 내게 축복의 행진곡이었다." 칼라일의 "건강한 사람은 건강을 모르고 병자만이 건강을 안다"는 명언처럼 김 목사님은 특별하고 확실한 하나님의 치유를 체험하신 후 얼마나 건강이 중요한지를 절감하셨으며 이 사실을 만인 앞에 외치고 계신다.

이 책이 암 환자뿐 아니라 질병으로 인해 고통 받는 수많은 환우들에게 희망의 빛이 될 것을 확신하는 바이다.

안재훈 남서울제일교회 담임목사
TheWay군선교단 총괄본부장

하나님의 은혜로 지금 여기에

　세상 의학으로 고치기 힘든 중병(췌장암)에 걸려 생사를 오가는 극한 상황 속에서도 하나님께 기도함으로 치유 받고, 그 은혜가 감사해서 평생을 전도자로 살겠다고 다짐한 한 종의 기록이 담겨 있는 "축복의 행진곡"이 세상의 빛을 보게 되었다. 저자인 김대경 목사가 목회자와 전도자로서 삶의 현장에서 직접 발로 뛰며 그 경험을 바탕으로 생생하게 기록한 귀한 작품이다.

　이 책은 전도자의 그릇으로 사용하신 하나님의 주권적인 역사를 만날 수 있는 책이다. 저자는 평생을 예수 그리스도의 제자(마태복음 28:18-20) 삼는 사역에 헌신하였다. 비바람과 눈보라도 한 여름의 강한 빛과 한 겨울의 살을 에는 듯한 추위도 전도에 대한 그의 열정을 막을 수는 없었다. 현장에 가서 만나는 모든 사람들이 그의 전도 대상이며 그들을 그리스도께로 인도하는 것이 그의 사역의 목표이다.

특별히 외국인과 타 문화권에 있는 사람들에게 영어 전도문을 만들어 전도하며 이슬람의 종교를 가진 해외 근로자들과 여행객들에게도 하나님의 말씀으로 전도하고 학교, 학원, 병원, 그 어떤 현장에도 그는 두려워하지 않고 달려갔다. 신학대학교에 가서도 말씀이 취약한 신학생들에게 하나님의 말씀을 가르치며 임상전도(臨床傳導) 사례를 전수하기도 했다.

한국 교회는 전도의 이론에는 익숙해 있다. 그러나 임상전도 사례는 찾아보기가 힘들 정도이다. 그는 목회자로서 교회를 사역하면서 최선을 다해 전도한다. 제대로 전도하지 못하고 사역하는 나 자신이 하나님 앞에 부끄러울 뿐이다. 그가 자신의 몸을 돌보지 않고 혹사하며 전도하는 것이 매우 안타깝다. 그럼에도 불구하고 그는 우리 동역자들에게 늘 입버릇처럼 말한다. 전도하다가 하나님의 부름을 받고 싶다고… 많은 사역자들에게 울림을 주고 있다.

본 책은 총 4부로 구성되어 있는데, 제1부는 부르심에 대해 제2부는 췌장암은 하나님의 축복의 행진곡이며 제3부는 나의 선한 사마리아인들 제4부는 치유 받은 자의 삶으로서 하나님의 역동적인 사역이 녹아있다.

본서에는 저자의 다양한 전도 사례가 기록되어 있다. 축복의 행진곡에 이어 아직 한국 교회에 소개되지 않은 그만의 전도 사례들이 두 번째 책으로 속히 나와 한국 교회에 도전을 주기를 기대해 본다. 본 책은 한국 신학교에서 전도학의 실천 신학 교과서로, 병원 선교에 새로운 이정표를 남기기에 손색이 없다. 한국 교회에 선교의 책무(責務)인 전도 사역의 한 획을 긋고 전도의 물꼬를 터준 본서는 한국 교회에 전도의 사명을 다시 한 번 고취(鼓吹)시킨 귀한 역작이다.

이교남 전원교회 담임목사
경안신학원 한국교회사 교수

신실한 기도의 사람, 김대경 목사님

바쁜 현대 크리스천들은 기도해야 한다는 것은 알면서도 기도 생활에 힘쓰는 것이 쉽지는 않습니다. 그러나 김대경 목사님은 실력과 영성을 겸비한 분이시며, 무엇보다 기도 생활에 귀감이 되는 분입니다. 김 목사님은 바쁜 목회 사역 중에서도 다니엘처럼 하루 3번씩 기도하며 주님과 동행하는 신실한 목회자입니다. 김 목사님의 삶은 기도 그 자체이고, 늘 기도로써 주님의 기적을 경험하면서 주변의 성도들과 목회자들에게 큰 도전을 주고 계십니다.

김 목사님은 기도로 25년 전에 영통 지구에서 사랑제일교회를 개척하셨고, 또한 기도로 신영통에 예배당을 건축하여 교회의 큰 부흥을 이루셨습니다. 그러다가 뜻하지 않게 췌장암이 발병되었지만, 오직 기도로 주님의 은혜를 의지한 결과 불치병이 치유되는 놀라운 역사가 일어나게 되었습니다. 주변에 있는 목회자들과 성도들도 김 목사님의 치유를 통해서 살아 계신 하나님을 목격한 바 있습니다. 금번에 김 목사님이 "췌장암은 내게 축복의 행진곡이었다"라는 자서전을 출간하셨는데 이를 축하드립니다.

그리고 이 책에는 주님께서 김 목사님 안에 이루신 모든 복된 일들이 기록되어 있습니다. 귀한 책을 통하여 많은 분이 함께 주님의 은혜를 나눌 수 있기를 바랍니다.

이성진 생명샘교회 담임목사

합동측 수원노회장

치유기도문

주님, 믿음으로 기도드립니다. 저를 일으켜 주옵소서. 먼저 모든 죄를 사하여 주옵소서.

알고 지은 죄, 모르고 지은 죄, 모든 죄를 회개하며 기도합니다. 무엇보다 회개를 기뻐하시는 하나님 아버지이심을 믿습니다.

참회의 기도를 통해 병을 고쳐 주시는 하나님의 자비하심을 체험하게 하옵소서. 놀라운 치유의 역사를 많은 이들이 보게 하시고, 주님의 이름을 찬양하게 하옵소서.

예수 그리스도의 이름으로 간절히 기도하옵나이다. 아멘.

> 예수께서 백부장에게 이르시되 가라 네 믿은 대로 될지어다 하시니 그 즉시 하인이 나으니라(마태복음 8:13).

손주의 피켓전도

1부

소명을 따라서

어린 시절에 나를 부르신 하나님

내가 초등학생 시절이었다. 생각지 않게 다리에 무서운 질병이 찾아왔다. 통증이 얼마나 심했던지 길거리에 선 채로 통곡을 했던 기억이 난다. 의사로부터 다리를 절단해야 할 수도 있다는 냉혹한 선고도 받았다.

이런 위급한 상황에서 교회에 다니지도 않고 누가 시키지도 않았는데 나는 약을 먹을 때마다 하나님께 내 병을 고쳐 달라고 간절히 기도했다. 사실 가정 분위기나 정서적으로는 하나님보다 부처님이 더 가까웠지만 하나님을 찾았다는 것은 지금 생각해도 신기한 일이다.

그렇다면 전혀 기독교 신앙의 배경이 없었던 이 부족한 인간이 하나님 자녀로 미리 정해져 있었단 말인가. 결국 나는 기적적으로 병이 나아서 다리를 절단하지 않을 수 있었으나, 그럼에도 불구하고 여전히 교회는 다니지 않았다. 아무래도 너무 어려서 철이 없었던가 보다.

물론 성탄절에 노트와 연필 등 선물을 받으려고 일년에 한 번씩 교회에 간 적은 있었다. 그러다가 처음으로 교회 중등부 예배에 참석하게 되었다. 당시 우리 동네 친구들은 거의 다 교회를 다니고 있었지만 난 별 관심을 갖지 않고 있었다. 그런데 중등부 학생회장이 나를 포기하지 않고 끈질기게 전도하는 것 아닌가. 나중에는 우리 집에 전도를 하러 오는 것이 얼마나 귀찮은지 고무신을 감춰두기도 했다. 그러나 열 번 찍어 안 넘어가는 나무가 없다는 말이 있듯이 결국 나는 할 수 없이 멍에가 씌워진 소처럼 억지로 교회에 끌려갔다.

하지만 처음 참석한 예배 시간에 큰 후회가 밀려오면서 다시는 교회에 오지 않으리라 결심을 하기도 했다. 이처럼 한 사람이 교회에 다니며 예수를 믿는다는 것은 결코 쉬운 일만은 아니다.

그러나 영혼이 구원받아 천국 백성이 되는 유일한 길은 이것밖에 없으니 어떻게 하랴. 귀찮고 힘들다고 해서 예수를 안 믿으면 지옥에 갈 수밖에 없지 않은가. 하나님은 갈등하는 나를 다시는 놓치지 않으시고 계속 교회에 다닐 수밖에 없는 환경을 만들어가셨다. 특히 중학교 3학년 때 우리 아버님이 뇌출혈로 세상을 떠나셔서 매우 외로웠기 때문에 결국 하나님을 나의 아버지로 의지할 수밖에 없었다.

이 당시 교회에 가서 뜨거운 눈물을 많이 흘리기도 했다. 그리고 아버님의 사망으로 인하여 인생이 얼마나 허무한지도 절감하게 되었다. 그 후 하나님은 그분의 계획 가운데 날 극심한 고난의 길로 인도하셔서 강한 연단을 받게 하신 다음, 급기야는 영광스러운 목회자로 만들어 사용하고 계신다.

그리고 감사하게도 나를 전도했던 친구는 오늘날 우리 교회의 성도가 되어있다. 그는 경기도청 사무관을 지냈는데 마침 살고 있는 집이 우리 교회와 가까웠기 때문에 자연스럽게 연결이 되어 함께 신앙생활을 할 수 있었다. 우리는 종종 그때의 일을 이야기하면서 크게 웃기도 한다. 이것을 보면 하나님의 은혜가 너무나 감사하다.

> "이는 선지자 이사야를 통하여 하신 말씀에 우리의 연약한 것을 친히 담당하시고 병을 짊어지셨도다 함을 이루려 하심이더라"(마태복음 8:17).

청소년 시절의 신앙생활과 교회 봉사

나는 고등학생 시절, 누구보다 열심히 교회 생활을 하면서 충성했다. 물론 때로 굴곡이 있기도 했었지만 하나님을 향한 내 마음은 변하질 않았다. 시골 교회에서 독학으로 풍금을 배워 예배 반주로 헌신하기도 했다. 하나님은 이 모습을 보셨는지 지금 우리 가족 모두를 찬양으로 헌신하게 하신다. 큰딸은 대학에서 피아노를 전공한 후 목사 아내가 되어 반주로 봉사하고 있으며, 작은딸은 작곡을 전공하여 서울 사랑의 교회 찬양대에서 작곡과 편곡을 담당하고 있다. 그분만 아니라, 각 시립합창단에서도 편곡 작업을 의뢰받고 있다. 아내는 비교적 노래를 잘 부르는지라 특송을 많이 한다. 나 역시 부교역자 시절 30살이 넘도록 새벽 예배 반주를 맡아서 헌신했다. 이 모두가 하나님의 축복임에 틀림이 없다.

나는 언제나 그분의 영광을 위해 온 가족을 사용해 주시는 것이 참으로 감사하다. 그리고 성탄절에는 교회마다 행사가 많기 마련인데 내가 청소년이었던 시절, 시골 교회에서 거의 혼자 도맡아 성탄절 준비를 했다. 한 달 동안 주일 학생들을 데리고 찬양과 성극 연습 등을 했고, 하나님께서 그림 그리는 달란트까지 주셔서 성탄 장식도 도맡아 했다.

주일학교 교사도 하고 있었기 때문에 여름 성경학교는 지쳐서 쓰러질 정도로 열심히 이끌어갔다. 친구들은 이런 나에게 목사라는 별명을 붙여줄 정도였다. 나는 당시 우리 교회 목사님을 작은아버지라 부를 만큼 그분과 가까이 지냈고, 나 역시 그분의 신앙 지도를 받아 건실한 신앙인이 될 수가 있었다.

당시 난 얼마나 예수님을 사모했는지 모른다. 그 가운데 하나님께서는 꿈을 통해 천국과 지옥, 재림의 광경을 살짝 보여주시기도 했다. 그리고 금요 철야 기도회를 하는 어느 날, 잠깐 쉬는 시간에 성경 에베소서를 읽고 있는데, 갑자기 성경의 글자가 움직이듯 내 가슴을 파고들었다. 평상시와는 전혀 다른 신비한 현상이었다. 얼마나 말씀이 달콤하고 은혜로웠는지 그날의 감격을 잊을 수가 없다.

이것을 보면 하나님께서는 기도를 기뻐하신다는 사실을 말씀으로 보여주신다. 또한 이천석 목사님이 살아계실 때 한얼산 기도원에 가서 며칠 기도를 하던 중 방언의 은사를 받게 되었고, 다시는 실존하시는 하나님을 의심하지 않았다.

> "믿는 자들에게는 이런 표적이 따르리니 곧 그들이 내 이름으로 귀신을 쫓아내며 새 방언을 말하며 뱀을 집어 올리며 무슨 독을 마실지라도 해를 받지 아니하며 병든 사람에게 손을 얹은즉 나으리라 하시더라"(마가복음 16:17-18).

군인교회에서 목회자 사명을 받고

그러다가 군에 입대하게 되었는데 하나님은 나를 사랑하셔서 연대 군종 사병으로 근무하게 하셨다. 우리 부대가 신학생이 많았는데도 신학 공부를 하지 않은 내가 상급 부대인 연대 본부로 올라가 교회에서 상주하며 군 생활을 할 수가 있었다는 것은 있을 수가 없는 일이었다. 오직 하나님의 전적인 역사로만 가능했다.

사실 내가 군인교회에 가게 된 이유는 예배 반주자가 필요했기 때문이었다. 군종 목사님께서도 나를 교회로 데려가겠다고 약속하셨다. 그러나 어떻게 된 일인지 나는 말단 부대로 배치되어 소총수로서 엄청난 훈련을 받아야만 했다.

더구나 악명 높기까지 한 전방 부대 아래의 교육 사단이었다. 특히 몸이 얼어붙는 한 겨울에 밤이 새도록 수십 킬로미터의 거리를 걸어야 했던 행군은 온몸을 녹초로 만들기에 충분했다.

당시는 고참이 걸핏하면 구타를 가하는 일도 많았다. 이런 상황에서 얼마나 군 생활이 힘들었던지 하나님께 밤이고 낮이고 교회로 보내달라고 떼를 쓰며 기도할 수밖에 없었다. 그러나 군대에 가보신 분은 아시겠지만 이것은 거의 불가능에 가까운 일이었다. 그래도 전능하신 하나님께 간절한 기도를 드렸고 아마 몇 바가지의 눈물을 흘렸다고 해도 과언이 아닐 것이다. 그런데 어느 날 깊은 밤에 행군 훈련을 하던 도중 주님의 음성이 들려왔다.

"내가 너를 교회로 보내 주리라."

정말 뛸 듯이 기뻤다. 이때 밤하늘의 은하수가 얼마나 아름답게 보이던지 입에서 감탄사가 절로 나올 정도였다. 이 가운데 잊지 못할 한 가지 에피소드가 있다. 나는 하나님께 기도를 드리며 이런 서원을 한 적이 있다.

"하나님께서 저를 교회로만 보내 주신다면 매일 화장실에서 똥을 퍼 나르는 일이라도 하겠습니다."

놀랍게도 기도 응답을 받고 연대 교회에 도착하자마자 군종 목사님이 이런 말씀을 하시는 게 아닌가.

"김 일병, 화장실에 가서 똥 좀 퍼내게."

때로 하나님이 이런 기도도 들으시다니 재미가 있으신 분이시다! 하지만 하나님은 매일 똥을 푸게 하시지는 않았다.

이렇게 해서 나는 교회 근무를 하게 되었는데 여러 가지 영적인 체험도 했다. 새벽 기도회를 인도하기 전, 마귀가 잠자는 내게 찾아와 실제 음성으로 이렇게 유혹했다.

"새벽기도회는 끝났다. 그냥 더 자거라."

깜짝 놀라 일어나 보니 새벽기도회를 시작하기 전이었다. 그리고 작정 기도를 하면서 대예배실 의자에 앉아 기도를 하고 있는데 공중에서 마귀가 나타나 흉측한 소리를 내며 내 몸을 끌고 올라가는 것이었다. 실제 물리적으로 내 몸이 올라갔는지는 알 수가 없지만, 그때는 분명히 그것을 느꼈고 예수 그리스도의 이름을 외치자마자 마귀는 온데간데없이 사라지고 말았다.

또한 어느 날은 곧 숨이 넘어가시는 할머니를 위해 몇 시간 동안 땀이 온몸을 적시도록 기도하였더니 그분이 다시 죽음의 문턱에서 살아나시는 역사도 나타났다.

나는 군인교회에서 목사님과 사모님의 배려로 은혜 가운데 사명을 감당했으며 제대 후에는 학비까지 제공받아 신학 공부를 하여 목회자가 될 수 있었다. 훗날 선교사가 되신 그 목사님과는 45년이 넘도록 계속 밀접한 관계를 이어오면서 선교비 후원을 하고 있으니 참으로 감사한 일이다.

"온 무리가 예수를 만지려고 힘쓰니 이는 능력이 예수께로부터 나와서 모든 사람을 낫게 함이러라"(누가복음 6:19).

우리 교회가 세워지게 된 이야기

나는 서울 모 교회 교육 전도사 시절, 열심히 2천 구절의 성경을 암송했다. 그것도 젊었기 때문에 가능한 일이었다. 특히 신학교에 가는 버스를 탔을 때 시간을 낭비하지 않고 부지런히 성경을 외웠다. 그런데 지금도 이 성경 구절을 주일을 제외한 평일에 매일 2주분으로 나누어 묵상하며 건강하고 균형 잡힌 기도를 하고 있으니 얼마나 감사한지 모른다. 특히 불면증 가운데 마음의 평화를 얻는 데는 하나님의 말씀만큼 귀한 것이 없다.

요즘은 그리스도인들도 유튜브를 많이 보는 편이

지만 내 생각에는 말씀을 읽고 듣는 방향으로 빨리 선회해야 하나님이 기뻐하신다고 믿는다. 심지어 신앙 유튜브 채널보다 말씀이 앞서야 한다. 오직 말씀만이 절대적인 진리이며 완벽하고 영원하기 때문이다.

하나님께서 그치지 않는 내 성구 암송을 가상하게 여기셨는지 중요한 기도에는 언제나 말씀으로 응답하신다. 나는 새벽 기도회도 매일 두 번씩 드리면서 예배 피아노 반주를 담당했는데, 낮에는 신학 공부를 하며 새벽에는 기도와 봉사에 전념한다는 것이 물론 쉬운 일은 아니었다.

하지만 하나님은 이런 나에게 상급을 주셔서 내가 세입자로 살던 집이 88올림픽 공원으로 조성되는 바람에 처음이자 마지막으로 550만 원의 보상금이 나와 두 개의 대학원을 학비 걱정 없이 공부할 수가 있었다. 그 당시는 대학원 한 학기 등록금이 60여 만 원이었으니 550만 원은 엄청난 금액의 돈이기도 했다.

그런데 이에는 사연이 있다. 우리 부부가 결혼할 때 축의금이 많이 들어올 줄 믿고 미리 55만 원의 십일조 예물을 드렸는데, 막상 결혼식 날, 폭설로 인해 많은 축하객이 예식장으로 오다가 그냥 돌아가게 되어, 결국 결혼식 비용이 마이너스가 되었다. 하지만 하나님은 그로부터 정확히 1년 후 보상금을 통해 10배로 채워주신 것이다.

그리고 내가 1997년 수원 모 교회에서 부목사로 사역할 때였다. 기도는 물론 나 홀로 노방 전도에 힘썼다. 누가 시켜서가 아니라 영혼 구원을 위한 전도에 온 힘을 다했다. 어느 날 새벽 예배를 마치고 간절히 기도하고 있는데 갑자기 입이 크게 벌어지며, 시편 81편 10절 말씀이 내 마음을 사로잡았다.

"네 입을 크게 열라. 내가 채우리라."

그러면서 몇 시간 동안 입이 다물어지질 않았다.

이런 체험을 한 후 나는 하나님의 약속을 믿고 입을 크게 열어 기도로 일관하는 삶을 살았다. 그리고 1년여 시간이 지났을 때 기적 같은 일이 일어났다. 어느 집사님 가정이 '영통 지구 신도시에 빌딩을 짓는데 교회를 개척할 의향이 있으면 한 층을 무료로 빌려주겠다'는 제의를 한 것이었다. 이렇게 해서 기도 응답으로 교회가 신비롭게 개척되었다.

정말 아무런 조건 없이 빌딩을 교회로 제공해 주신 집사님 부부는 아굴라와 브리스길라 같은 신실한 헌신의 사람들이었다. 그렇다고 해서 그분들이 우리 교회로 따라 나온 것도 아니었다. 그 후 하나님은 이 가정에 어떤 일로 십일조를 6천만 원이나 드릴 만큼 풍성한 물질의 복을 부어주셨다.

이후 나는 하나님의 은혜가 너무나 감사하여 오직 기도와 전도에 온 힘을 쏟아 교회가 50여 명 정도로 부흥할 수 있었다.

그런데 3년이 지나자 그만 그 빌딩이 팔리게 되어 우리 교회는 자리를 비워줘야 할 처지에 놓이게 되었다. 그러나 재정이 없어 다른 상가 건물로 이사를 한다는 것은 거의 불가능한 상태였다. 그런데도 내 마음에는 이 기회에 성전을 건축해야 한다는 소원이 불같이 타올랐다. 이게 어디 가능하기나 한 일인가!

그래도 계속 예배당 지을 땅이 있는지 알아보기

위해 영통과 신영통 지역을 발바닥이 닳도록 헤매고 다녔다. 그러다가 한 부동산업자의 속임수에 넘어가 180평의 맹지를 5천4백만 원에 매입하게 되었다. 그것도 빚을 얻어서야 겨우 땅 구입이 가능했다. 당시 이 돈은 24평짜리 아파트 전세금에 불과했으니 거저 얻은 것이나 마찬가지기는 했다. 그러나 이곳은 땅 옆으로 공장 하수가 흐르고 있어서 악취가 진동했고 도무지 예배당을 지을 수가 없는 악조건의 환경이었다. 더구나 길이 없는 맹지에 불과하지 않은가!

단지 그 땅이 한창 짓고 있는 아파트 건물과 붙어 있는 것은 다행이라면 다행이었다. 하지만 아파트와 교회 땅은 10여 미터 높이의 옹벽이 설치되어 있었다. 우리 교회 땅에 비해 아파트 근린공원이 10여 미터 높은 곳에 위치하고 있었다는 것이다. 이런 상황에서는 오직 하나님께 기도할 수밖에 없었다.

이때부터 우리 교회는 매일 3회의 기도회를 가졌다. 그리고 놀라운 기적이 일어나기 시작했다. 아파트를 짓는 회사에서 농로 설치 의무로 인해 80여 미터의 하수구를 그냥 덮어준 것이다. 또한 우리 교회 땅과 아파트 근린공원에 계단이 설치되어 주민들이 자유롭게 교회로 통행할 수 있게 되었다는 점이다.

이에 더해 친구 목사님의 소개로 700억 원대의 재산을 가진 사업가 장로님이 이윤을 남기지 않고 예배당을 건축해 주셨다. 오히려 장로님은 손해를 보시고도 하나님이 주시는 마음으로 매우 기뻐하시는 것이었다. 그분이 그런 모습을 보이신 것은 '질병이 찾아오고 호주머니에 돈이 없을 때 하나님께서 제게 복을 주시면 성전을 건축해 드리겠다'는 서원을 하셨기 때문이다. 바로 그 서원이 우리 교회를 통해 이루어진 것이다.

어느 장로님 역시 무료로 설계도를 작성해 주셨다. 이렇게 해서 교회는 크게 부흥했고 거저 받았으니 거저 준다는 자세로 선교사님들을 위한 무료 선교관과 목회자들을 위한 무료 휴양관을 마련하여 헌신을 할 수 있게 되었다. 필리핀에는 약 1억 원의 건축비를 들여 원주민 교회를 세우기도 했다. 이 모두가 기도를 통해 역사하신 하나님의 은혜였다.

> "예루살렘 부근의 수많은 사람들도 모여 병든 사람과 더러운 귀신에게 괴로움 받는 사람을 데리고 와서 다 나음을 얻으니라"(사도행전 5:16).

치유기도문

온 우주 만물을 말씀으로 창조하신 하나님, 인간의 생사화복을 한 손에 거머쥐시고 주관하시는 하나님 아버지.

저를 사랑하시고 병을 고치시는 전능하신 하나님, 이 시간 우리 주 예수 그리스도만 바라보며 간절히 기도드립니다.

주님, 저의 간구에 응답하여 주옵소서. 저를 괴롭히는 육신의 질병을 치유하여 주옵소서. 오직 하나님만 의지합니다.

죄와 사망의 법에서 저를 완전히 해방하시고 모든 아픔을 치유해 주셔서 감사드립니다.

오직 주 예수 그리스도의 십자가 보혈로 구속해 주시고 주님 계시는 천국에서 영생 복락을 누리도록 예비해 주시니 감사합니다.

예수님도 저를 위해 십자가에 달려 죽기까지 고난을 당하셨습니다. 십자가에 못 박혀 살을 찢기시고 피를 흘리시는 고통을 겪으셨습니다.

제가 질병으로 인하여 조금이라도 주님의 고난에 동참하게 하시니 감사합니다.

힘들고 고통스러워 눈물이 나올 때마다 십자가에 달리신 예수님을 생각하며 위로받게 하옵소서.

이미 영의 질병을 치유 받고 영생을 얻었사오니 육의 질병도 치유 받고 장수를 누리게 하옵소서.

모든 아픔과 연약함과 고통을 치유하시는 주님을 믿습니다. 질병을 치유하여 주셔서 살아계신 하나님을 온 세상에 전파하게 하옵소서.

이 세상에는 몸은 건강한 것 같아도 영혼이 사망의 질병에 걸려 멸망의 지옥 심판을 향해 치닫고 있는 사람들이 너무나 많습니다.

제게 굳건한 믿음을 주셔서 하나님의 은혜에 감사하며 질병 가운데에서도 요동하지 않게 하옵소서.

주님의 영광을 위해 병 고침을 받길 원합니다. 친히 역사하여 주시옵소서.

> "예수께서 백부장에게 이르시되 가라 네 믿은 대로 될 지어다 하시니 그 즉시 하인이 나으니라"(마태복음 8:13).

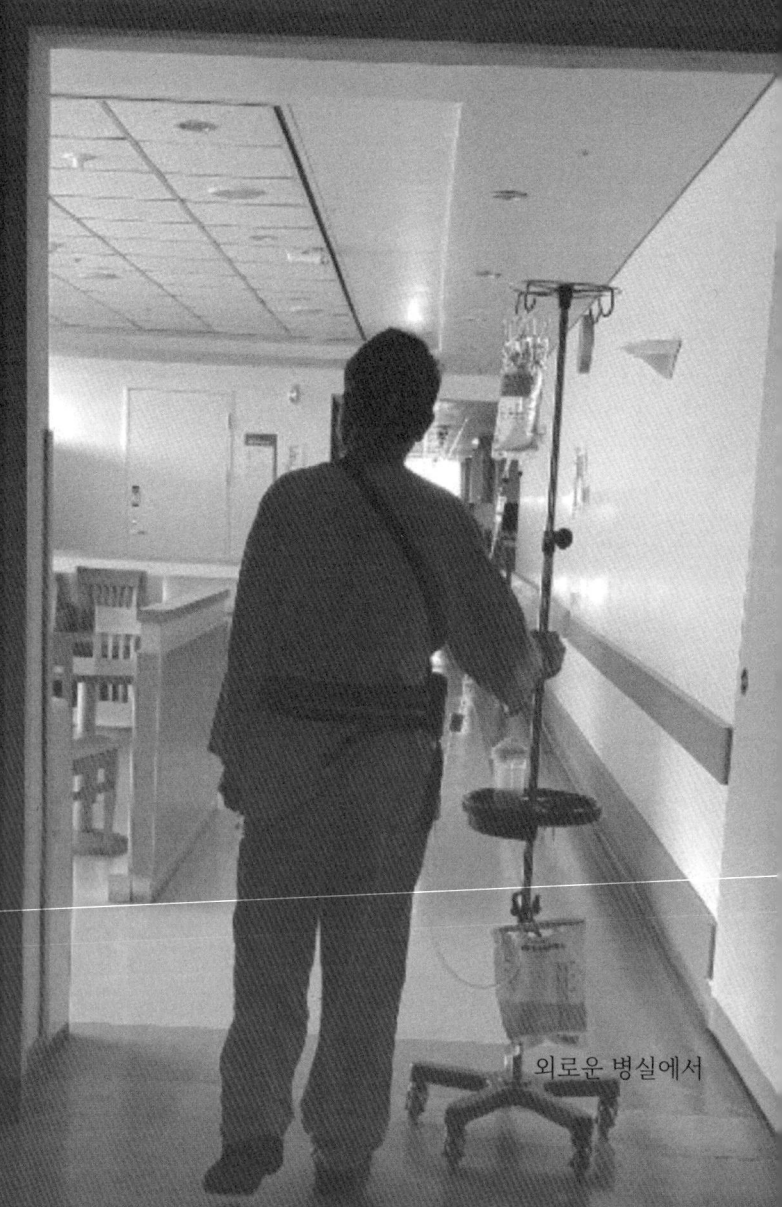

외로운 병실에서

2부

췌장암은 하나님의 축복의 행진곡

몸에 이상이 오다

이렇게 목회가 순탄하게 진행되고 있는 시점에서 2017년 4월부터 몸이 피곤해지기 시작했다. 식욕도 저하되며 체중도 조금씩 감소했다. 이에 따라 자꾸 자리에 눕고만 싶었다. 그래도 '이러다가 괜찮아지겠지' 하며 대수롭지 않게 생각했다. 아내는 이런 나를 보고 빨리 병원에 가보자고 했지만 전혀 귀를 기울이지 않았다. 원래 병원에 가는 것을 끔찍이도 싫어했던 나였기 때문이다.

실제로 난 일평생 병원에 입원한 적이 단 한 번도 없었다. 그만큼 위급한 병에 걸린 적이 없었고 더구나 내가 암에 걸릴 것이라고는 꿈에도 생각하지 않았다. 이런 상황이었으니 건강 검진도 소홀히 할 수밖에 없었다. 그러나 이것이 패착이었다. 생각지도 않은 췌장암에 걸릴 줄이야!

이 일을 통해 큰 고통을 겪게 되었지만 나의 경험상 누구든지 자신의 건강을 과신하여 철저한 건강 관리 구역 밖으로 튀어 나가면 질병의 덫에 걸릴 수도 있을 것 같다는 생각이 든다.

> "여호와께서 그를 병상에서 붙드시고 그가 누워 있을 때마다 그의 병을 고쳐주시나이다"(시편 41:3).

병원 응급실로 실려 가던 날

주일 예배 설교 시간에 자꾸 입술이 말라갔다. 이에 더해 예전과 달리 기분이 안 좋은 피곤함이 저 깊은 어디로부턴가 스멀스멀 올라왔다. 이런 현상은 몇 주째 반복되었다.

그러던 중 어느 주일 1부 예배 시 드디어 큰일이 벌어지고 말았다. 온 힘을 다해 설교를 하는데 그만 정신이 혼미해지기 시작한 것이다. 입술도 타들어 가면서 극심한 고통이 찾아왔다. 숨이 차올라 헐떡였고 발음조차 제대로 나오질 않았다. 얼굴 표정마저 잔뜩 일그러져 이상한 모습을 하고 있었다. 성도들 역시 이것을 보고 이내 눈치를 챘는지 어쩔 줄을 몰라 했다.

결국은 사물이 희미하게 보이면서 실신하다시피 했고, 2부 예배 설교는 부목사님께 맡긴 채 병원 응급실로 급히 실려 가게 되었다. 차량 이동 중에도 너무나 힘이 들어서 가냘픈 신음과 함께 반복하여 거친 숨을 몰아쉬고 있었다. 하지만 목사라서 그런지 정신이 몽롱한 상태에서도 뒤에 남겨진 성도들만 생각났다. 그동안 목회를 하면서 이런 사고가 없었는데 이게 웬일이란 말인가!

드디어 응급실에 도착했다. 당장에 의사들은 혈압을 재고 피를 뺐다. 혈압은 200이 넘게 급상승되어 있었으며 혈당도 500을 넘기고 있었다. 그러나 링거 주사를 맞으면서 조금씩 컨디션이 회복되었고 정신도 온전히 돌아오게 되었다.

그때까지만 해도 난 응급 치료만 받으면 금방 교회로 돌아갈 줄 알았다. 그런데 CT 촬영 결과를 본 의사가 와서 카랑카랑한 목소리로 이런 말을 던지는 것이었다.

"췌장에 혹이 보입니다."

결국은 건강 관리에 대한 무지가 엄청난 질병을 초래하고 만 것이다. 그러므로 누구든지 병자가 되는 것을 미리 방지하려면 부지런히 건강을 도모하는 길밖에 다른 방법이 없는 것 같다.

> "여호와여 내가 수척하였사오니 내게 은혜를 베푸소서 여호와여 나의 뼈가 떨리오니 나를 고치소서"(시편 6:2).

병원에서의 처참했던 풍경

 의사가 췌장에서 혹이 보인다고 했지만 처음엔 별로 걱정을 하지 않았다. 췌장암은 상상도 하지 않았기 때문이다. 그리고 오래전 어느 크리스천 사상체질 전문가가 내 얼굴을 유심히 보더니 목사님은 절대 암에 걸릴 분이 아니라는 말을 했고, 난 이 말을 성경처럼 믿고 있었다. 그러니 사람의 말을 어떻게 다 신뢰할 수 있으랴!

 요즘 난 요동하고 배신하는 인간들로 말미암아 '속이 상하신 하나님'이 자꾸만 머리에 떠오른다. 복을 주시면 충성을 다하겠다는 공언과 달리 경제적으로 조금 부유해지자 옛날의 열심을 잃어버린 우리의 자화상으로 인해서이다.

의사는 당장 입원하라고 했다. 이렇게 해서 집에 가지도 못하고 곧바로 병실에 갇혀 링거 주사를 맞으며, 혈액 검사, 조직 검사, MRI 검사 등 온갖 검사를 다했다. 특히 MRI 검사를 받으러 링거 걸이를 끌고 황량하게 보이는 복도를 지나 터덕터덕 지하 촬영실로 갈 때는 내가 왜 이렇게 되었는지 기가 막히기도 했다. 이게 꿈인가 생시인가 구분조차 어려울 지경이었다. 오랜 세월 견지해 왔던 기도 목회의 종착지가 여기란 말인가! 부끄럽지만 그렇게도 외쳐왔던 절대적인 믿음과 감사가 온데간데없이 사라지고 만 것이다.

지금 생각하면 그것도 그럴 것이 예수님처럼, 사도 바울처럼 늘 천국을 지향하고 준비하는 목회가 아니었기 때문이다. 내가 말한 '천국'이란 단어의 사용 빈도를 기억해 보았을 때, 그것이야말로 정확한 결론이라고 생각할 수밖에 없었다. 성도들 역시 가끔 언급되는 현재의 천국과 미래의 천국에 대해서는 별 관심과 반응이 없었다.

내 인생 처음으로 입원을 하여 환자복을 입고 이리저리 불려 다니는 심정이란 낯설어도 한참이나 낯설 만큼 이질적인 상황이었다. 병원에 가기를 그렇게도 싫어했건만 꼼짝 못하고 병실에 갇혀 결과를 기다리는 처량한 신세가 되니 마치 현실과 다른 미지의 세계로 밀려들어온 것 같았다. 마침 병원에서 내가 사는 아파트가 보였다. 나는 그곳을 주시하며 '빨리 집으로 돌아가야 하는데'라는 마음으로 안절부절하기도 했다.

그런데 며칠 후 의사가 침통한 표정으로 아내에게 와서 담도가 모두 막혀있으며 혹까지 있어서 췌장암일 가능성이 많다고 하더라는 것이다. 아내는 이 말을 듣고 정신 줄을 놓은 사람처럼 멍한 상태가 되고 말았다. 원래 성격이 낙천적이고 밝은 사람인데 남편의 중병 앞에서는 어쩔 수가 없었던 모양이다. 하지만 그 후로 아내는 아팠던 남편을 생각하며 암 환자들을 위해 간절히 기도하는 사람이 되었다.

> "예수께서 그의 열두 제자를 부르사 더러운 귀신을 쫓아내며 모든 병과 모든 약한 것을 고치는 권능을 주시니라"(마태복음 10:1).

평범해도 행복해야 하는 이유

 처음으로 병원에 입원하여 검사를 위해 며칠 금식을 하게 되었다. 이때 속수무책으로 체중이 감소했다. 늘 과체중이 걱정이었는데 하염없이 살이 빠지는 것은 더 큰 문제였다. 그로 인해 10kg 이상 몸무게가 줄어든 것 같다. 얼굴색은 점점 노랗게 변해 갔다. 침대는 왜 이리 딱딱한지 이리 뒤척 저리 뒤척 제대로 잠을 잘 수가 없었다.

 긴장과 더불어 낯선 환경이 마음을 무겁게 짓눌렀다. 이럴 줄을 몰랐는데, 이럴 수가 없는 건데 어떻게 하다기 내가 이런 환경에 처한 건가. 이미 나에게 병원이 아니라 창살 없는 감옥이었다. 우린 건강할 때 집에서의 편안함과 아늑함을 잘 모른다. 가족과 함께 평범하게 사는 것이 얼마나 큰 복인지를 좀처럼 깨닫지 못한다. 그러다가 후회를 많이 할 수밖에 없는 것이다. 그러므로 지금 감사해야 한다. 현재의 환경에 대해 만족하고 매사를 행복으로 승화시켜야 한다. 우리에겐 아직 없는 것을 있는 것으로 볼 줄 아는 눈이 필요하나, 이미 있는 것을 있는 것으로 볼 줄 아는 눈은 더더욱 필요하다. 행불행이 여기에서 결정되기 때문이다.

어느 날 밤 의사의 호출을 받았다. 진료실에 가서 내시경 검사를 했는데 의사가 내시경을 입속으로 삽입하더니 마구 찔러넣었다. 너무 아파서 '컥컥'댔지만 어찌할 수가 없었다. 그 뒤로 며칠간 침을 삼키기 거북할 만큼 목이 많이 아팠다.

> "상심한 자들을 고치시며 그들의 상처를 싸매시는도다"(시편 147:3).

왜 날 더 큰 병원으로 데려가려는 건지...

 의사는 아내에게만 비밀로 말했다고 한다. 조직 검사를 해봐야 알겠지만 췌장암일 가능성이 많다고. 이것은 분명히 췌장암이란 말과 다름없는 이야기였다. 하지만 아내는 내가 충격을 받을까봐 쉬쉬하며 이 사실을 함구하고 있었다. 아니, 그 흔하던 눈물 한 방울 비치지 않았다. 이런 아내의 마음이 얼마나 힘들고 고통스러웠을까! 자신을 향해 덮쳐오는 고난의 파도를 온몸으로 막아내야 하는데...

 내 소식을 들은 노회 목사님들과 지인 목사님들이 많이 찾아와서 위로와 기도를 해주셨다. 지금도 그 사랑을 잊지 못한다. 심지어 몇 번씩 병문안을 와주신 분들도 계신다.

그런데 아내가 몇몇 목사님들께 저명한 의사를 알고 계시면 소개해 달라고 조용히 부탁을 했는가 보다. 나의 심각한 상태를 알고 있었던 목사님들이시기에 여기저기 수소문을 했고, 어느 목사님께서 그래도 실력이 있다는 의사들이 포진해 있는 S 병원 홈페이지에 들어가 자세히 살펴보신 모양이다.

S 병원은 진료를 받고 싶은 암 환자들이 많아 금방 예약을 할 수가 없는 곳이었지만 놀랍게도 누군가가 취소를 하여 빈자리 하나가 나온 상황이었다. 그래서 그 목사님이 얼른 예약을 하신 후 속히 그 병원으로 옮기자고 하셨다.

훗날 집도의를 통해 나에게 해당하는 까다로운 췌담도 암 수술을 할 수 있는 병원은 우리나라에서 불과 4-5곳밖에 안 된다는 말을 들었다. 그만큼 난이도가 높은 대수술이었다. 그런데 H 대학 병원 의사는 자기들도 수술을 할 수 있다며 더 큰 병원으로 이동하려는 것을 만류했고, 나 역시 교회와 집이 가까운 병원에서 치료를 받겠노라고 하며 굳이 옮기지 않겠다고 고집을 피웠다.

당시 내 마음은 속히 교회로 돌아가서 매일 3회 드리던 기도회를 회복해야 하고 성도들을 돌봐야 한다는 일념밖에 없었다. 기도와 기쁨의 눈물이 젖어있는 교회와 자식 같은 성도들이 너무나 그리웠으며 다시 옛날로 돌아갈 수만 있다면 얼마나 좋을까 하는 부질없는 생각이 아픔을 더하게 했다. 확보된 건강이 사명 감당의 지렛대였던 것이고, 지금 돌이켜보면 만일 그 병원에서 수술을 받았을 경우 혹시 내가 실험 대상이 되지 않았을까 하는 아찔한 상상을 해 보기도 한다.

> "여호와 내 하나님이여 내가 주께 부르짖으매 나를 고치셨나이다"(시편 30:2).

S 병원에서의 암 병동

어쩔 수 없이 S 병원으로 이동했다. S 병원은 역시 매머드급 병원으로 입추의 여지없이 환자들과 보호자들로 붐볐다. 내가 말로만 듣던 S 병원에 환자가 되어 실려 오다니 마치 다른 세계로 온 것 같았다. 그런데 우리나라 굴지의 S 병원은 크게 일반 병동과 암 병동으로 나뉜다. 그땐 일반 병동으로 온 환자들이 많이 부럽기도 했다. 암이 아닌 병은 병도 아닌 것으로 생각되었던 것이다.

특히 암 병동 바로 옆에 있는 장례식장이 눈에 많이 거슬렸다. 사실 같은 암이라도 위암이나 간암에 걸릴 것이지 하필이면 죽음을 상징하는 췌장암에 걸리다니 어떻게 나에게 이런 일이 생겼는가 하는 절망감이 크게 다가왔다.

그런데 지금은 췌장암에 걸렸던 것이 감사하기도 하다. 모든 사람이 놀라는 췌장암 치유 간증이 설득력 있는 전도의 도구가 될 수 있다고 생각하기 때문이다. 요즘은 위암이나 간암, 그리고 기타 암은 그래도 생존율이 높아 불신자 전도를 위한 간증으로 사용하기에는 부족한 편이다. 그래서 난 췌장암 간증이 골리앗을 쓰러뜨린 다윗의 물맷돌 같다는 생각이 든다. 이런 면에서 질병은 우리를 더 높은 영적 차원으로 올려주는 하나님의 마차가 될 수도 있다.

이 병원에서 췌장암의 권위자로 일컬어지는 최OO 교수를 만났다. H 대학 병원에서 가져온 진료 자료 중 MRI 영상을 보더니 이것저것 설명을 하면서 조직 검사 결과가 없어도 분명히 암이라고 단정했다. 역시 임상 경험이 많은 의사의 정확한 판단이 놀라웠다. 그때까지민 헤도 은근히 암이 아니라는 말을 기대했지만 어쩔 수가 없었다.

최 박사는 2주 후에 수술을 하자고 했다. 그것도 감사한 것이 췌장암 환자 가운데 15~20%만 수술이 가능하단다. 하지만 수술을 받아도 80% 이상 재발을 해서 췌장암이 암 중에 제일 높은 사망률을 기록하기도 한다. 내가 살게 된 것은 오직 하나님의 초자연적인 치유의 은혜였다. 이 내용은 순서상 다음에 밝히기로 하겠다. 이보다 한참이나 지나서 받게 된 신비한 증표들이 있기 때문이다.

수술을 위한 온갖 검사를 받은 후 일단 가족과 성도들이 많이 기다리고 있을 집과 교회로 내려왔다.

> "주께서 과부를 보시고 불쌍히 여기사 울지 말라 하시고 가까이 가서 그 관에 손을 대시니 멘 자들이 서는지라 예수께서 이르시되 청년아 내가 네게 말하노니 일어나라 하시매"(누가복음 7:13-14).

그곳이 전도의 명소가 된 사연

　병원에서 집으로 왔을 때만 해도 그렇게 마음이 힘들지는 않았다. 의사의 말에 비추어 보아 수술을 받으면 쉽게 회복될 줄 알았기 때문이다. 그러나 컨디션은 여전히 안 좋았다. 밥맛도 없었고 몸이 많이 피곤했다. 그리고 수술 자국이 없는 배는 이것으로 마지막이겠구나 하는 생각으로 안타까운 시간을 보냈다.

　수술을 하기까지 운동을 하려고 아내와 함께 오산 세마대 독산성 중턱에 있는 평상에 앉아 좋은 공기를 마시며 누워 있기도 했다. 암 환자에게는 나무에서 나오는 피톤치드가 좋다는 말을 들었던 터였다. 교회 근교에 이렇게 좋은 산이 있는 것을 감사했고, 만약 암만 나으면 종종 올라와야 하겠다는 결심을 하게 되었다. 그런데 정말 암에서 살아난 몇 년 후 매주 토요일마다 이 산에서 등산객들을 전도할 줄이야!

특히 아내와 함께 암을 묵상하던 평상 자리는 치유 간증 전도의 명소가 되었다. 등산객들에게 이 자리가 바로 그 자리라고 하면 마치 한 편의 드라마틱한 영화를 보는 것처럼 실감 나게 받아들여지지 않을까 하는 생각을 해 보기도 한다. 반응이 너무나 좋기 때문이다. 하나님의 섭리는 참으로 오묘하다.

그리고 이 산은 지금 내가 살고 있는 수양관과는 매우 가까워서 하나님이 전도를 위한 환경으로 조성해 주셨다는 생각이 든다. 원래 이 펜션 같은 수양관은 우리 교회 성도들과 목회자 가족들이 다년간 사용했던 곳이다. 그것도 모두에게 무료로 제공되었다. 이제는 코로나19를 기점으로 하나님이 나와 아내를 거주하게 하셔서 등산이나 나들이를 나온 많은 사람을 만나 천국 복음을 전하게 하신다.

이 지역의 독산성과 서랑 호수는 전도하기에 최적의 장소라고도 할 수 있다. 이렇게 해서 시작된 산상 전도는 지금도 계속하고 있다.

> "손을 내밀어 병을 낫게 하시옵고 표적과 기사가 거룩한 종 예수의 이름으로 이루어지게 하옵소서 하더라"(사도행전 4:30).

췌장암으로 판명되고...

드디어 서울 S 병원으로 올라갔다. 그리고 2주 전 검사했던 결과가 나왔는데 결국 예상하던 대로 췌장암이었다. 진료실에 들어가서 췌장암의 권위자인 최 교수님을 다시 만났다. 그분은 췌장과 십이지장, 담도 촬영 영상을 보면서 장기가 모두 막혀있어 절제를 해내야 한다고 했다. 그야말로 대수술을 예고하는 장면이었다.

어두운 마음을 품고 입원실로 올라왔는데 맞은편 산이 녹색으로 물들어 있었다. 한 번이라도 가보신 분은 알겠지만 S 병원은 주변 경관이 수려한 편이다. 한

쪽으로는 녹음이 우거진 산이 아름답고 다른 쪽으로는 서울 시내 경관이 아름답다. 그러나 병든 나에겐 조금도 좋게 보이지 않았다. 오히려 속히 치료를 마치고 암 병동을 탈출(?)하고 싶은 심정뿐이었다. 이것은 환경보다 마음이 중요하다는 사실을 잘 알려준다.

 암 병동에는 많은 환자가 입원해 있었다. 하지만 모두가 밝은 얼굴이 아니었다. 사람들의 얼굴이 야위고 창백했으며 별말도 하지 않고 한없이 조용하기만 했다. 암 병동 전체가 쥐 죽은 듯이 고요했던 것이다. 병실에 입원해 있는 동안 크게 웃는 소리는 한 번도 들어보지 못했다. 교회에서 늘 성도들과 함께 오랜 세월 역동적인 삶을 살아온 나로서는 매우 이질적인 분위기였다. 그만큼 우리 교회는 예배이든, 기도이든, 전도이든, 심지어 탁구이든 '열심'이 대명사였는데, 기본적인 예배 외에는 모든 것이 멈춰지고 말았다. 생기로 가득했던 교회의 분위기가 점점 무너지고 있었던 것이다. 이 모두가 건강 관리를 제대로 하지 못한 내 탓이리라!

그리고 지금 생각해 보면 당시 병원에서 불쌍한 암 환자들에게 구원의 복음을 전하며 소망을 공급해 줬어야 하는데, 우선 나 하나 살아야 한다는 일념에 전도는 전혀 엄두를 내지 못했다. 아니, 생각조차 하지 않았다. 내가 비록 목회자였지만 얼마나 부족했던가! 환자들 역시 예수 믿는 목사인 당신이 나보다 더한 췌장암에 걸렸는데 무슨 전도를 하느냐며 부정적인 반응을 보였을 수도 있었을 것이다.

그러나 암이 완치된 지 7년을 넘겨 암 병동에 가서 환자들을 전도하는 지금은 전혀 다른 상황을 맞이한다. 그들에게 다가가 췌장암 치유 간증과 함께 생명의 복음을 전하면 힘이 없어 자꾸 감겨가는 듯한 눈이 번쩍 뜨이고 얼굴에 화색이 도는 모습을 볼 수 있다.

> "그가 네 모든 죄악을 사하시며 네 모든 병을 고치시며"(시편 103:3).

주치의의 말 한 마디에서 얻은 교훈

 다음 날 아침 일찍 주치의를 비롯하여 여러 의사가 회진을 왔다. 그런데 주치의의 얼굴 표정이 밝은 것 아닌가! 말 한마디 한마디가 부드럽고 상냥했다. 환자인 나는 이 모습을 보고 조금 안심하게 되었다.
'아, 괜찮은가 보다. 크게 걱정할 것은 없는가 보다!'

 자신의 질병 상태에 대해 극도로 예민해진 환자들은 의사의 태도에 따라 일희일비하게 되는 것 같다. 특히 암 환자가 그렇다. 영혼의 의사인 나도 환경과는 상관없이 항상 밝은 얼굴로 성도들을 대해야 한다는 생각을 하게 된다. 앞으로는 우는 자들과 함께 울고 웃는 자들과 함께 웃는 목회자가 되도록 힘써야 하겠다.

암을 앓은 뒤로는 아픈 이들을 볼 때마다 동변상련의 눈물이 많아지긴 했다. 주치의의 말이 췌장은 마치 순두부처럼 말랑말랑하단다. 그래서 수술도 까다롭다는 것이다. 그렇지만 한번 수술을 해 보자고 한다. 그의 얼굴에는 자신감마저 묻어있었다. 난 이 말을 듣고 발달한 현대 의학에 적지 않게 감탄했다.

병원에서는 계속 간호사가 들어와 이런 검사, 저런 검사를 많이 했다. 그것은 한밤중에도 마찬가지였다. 밤이고 낮이고 교대로 일하는 간호사들의 노동 강도가 무척 높은 것 같았다. 의사도 마찬가지이리라!

그래도 병원에서 며칠간 꼼짝 못하고 묶여있는 것이 답답하고 처량하기만 했다. 건강할 때는 외출을 하지 않은 채 단 하루만 집에 머물러 있어도 집 멀미가 날 정도였는데 이런 신세가 되어 병실에 갇혀 있다니 서글프기가 그지없었다. 우리가 건강하게 두 발로 걸어 다니며 맘껏 활보할 수 있다는 게 얼마나 큰 은혜인가. 하지만 현재에 주어진 환경을 잘못 해석하고 낙심하며 괴로워하는 것이 또 다른 비극 아닐까! 내게 없는 것으로 인하여 불평하지 말고 내게 있는 것으로 인하여 감사했으면 좋겠다.

적어도 그렇게 하려고 노력하는 자세는 매우 필요하다. 난 암에서 극적으로 살아난 후 작은 일에도 더욱 감사하는 자세를 갖게 되었다. 이렇게 숨이 붙어있는 지금 내게 있는 모든 것이 귀하고 소중하기 때문이다.

그런데 여의사가 아내에게 만나자고 했단다. 이는 좋은 소식이 아니라 이상 소견이 발견되었다는 충격적인 소식이었다. 아내는 이 말을 듣고 하염없이 울었다고 한다.

> "그가 그의 말씀을 보내어 그들을 고치시고 위험한 지경에서 건지시는도다"(시편 107:20).

혈관에 이상이 있음을 발견하다

내가 병실에 누워 있을 때 여의사가 조용히 아내를 불러내어 무거운 표정을 지으며 췌장을 지나는 굵은 혈관이 비정상으로 나왔다고 말하더라는 것이다. 의료진도 혈관 영상을 놓고 회의를 하는 가운데 고민을 많이 했다고 한다. 그만큼 최악의 경우에는 수술마저 불가능할 정도로 심각한 상황이었다.

나 같은 경우의 췌장암은 수술 하나도 고난도라고 하건만 혈관까지 이상이 생겼으면 모든 것을 포기해야만 한다는 것을 의미했다. 이런 경우를 엎친 데 덮친 격이라고 표현해야 하는 것인가? 아내는 울면서 하나님께 기도할 수밖에 없었다고 한다. 하나님은 불가능을 가능케 하시는 전능하신 분이신데…

그래서 난 지금도 질병으로 인하여 사망 선고를 받은 환자들의 심경이 어떤지를 잘 알고 있다. 그들은 세상에 있으나 이미 세상을 떠나있는 비통함을 안고 절망 중에 괴로워하는 사람들이다.

그것도 전혀 빠져나올 길이 없는 상황에서 머리가 터질 만큼 힘들어하며 방황한다. 이런 사람들에게 천국에 대해 알려주고 소망을 주는 것은 더할 나위 없이 큰 위로와 사랑의 행위이다.

내가 아파서 죽어갈 때도 의지할 분은 우리 부부와 성도들, 그리고 지인들의 기도를 받으시는 하나님밖에 없었다. 그중에서도 췌장암은 곧 사망을 의미하기 때문에 더 간절한 기도로 매달려야 했는데, 지금 생각하면 하나님께서 오랜 세월 쌓아놓은 기도를 받으시지 않았는가 하는 생각이 든다.

다음 날 아침 회진 시간에 주치의가 병실에 와서 이런 말을 하는 것이었다.

"힘들어요? 내가 더 힘들어요. 지금 수술이 아니라 혈관 이상이 더 큰 문제입니다."

> "이르시되 기도 외에 다른 것으로는 이런 종류가 나갈 수 없느니라 하시니라"(마가복음 9:29).

정상으로 바뀌어 있었던 혈관

혈관에 심각한 이상은 발견되었으나 의료진은 일단 개복 수술을 해 보자는 쪽으로 결정했다. 나는 수술 당일 아침 일찍이 휠체어에 태워져 대기실로 갔다. 그곳에는 10여 명의 암 환자가 와 있는 것 같았다.

큰 병원이라서 그런지 그만큼 수술방이 많았다. 수술을 앞둔 환자들이 얼마나 긴장되고 힘들었을까! 그런데 감사하게도 나에겐 그리 두려운 마음은 없었다. 하나님께 맡기는 기도를 드리면서 담담하게 수술실에 들어갔다. 그곳에는 여러 명의 간호사가 대기를 하고 있었다. 그 중의 한 사람이 나에게 수숟대로 올라

가라고 했다. 작고 딱딱한 의료용 침대였다. 천장에는 큰 조명등만 보였다.

어느 간호사가 내 입에 전신 마취용 마스크를 씌웠고, 난 그 즉시 정신을 잃고 말았다. 7시간 30분가량이 소요되는 대수술이었다고 한다. 깨어 보니 중환자실이었다. 아직 온몸이 마취 상태여서 그랬는지 통증은 없었다. 그러나 내 몸에는 여러 가지 호스가 삽입되어 있는 상태였다. 아내와 딸은 수술실 밖에서 눈물로 기도했다고 한다. 과연 결과가 어떻게 나왔는지 심히 애타고 떨리는 마음으로 기다렸으리라!

이것은 다른 것도 아니고 사느냐 죽느냐의 문제였기 때문이다. 슬픔을 못 이겨 펑펑 울고 있는 아내에게 여의사가 와서 수술이 잘 되었으니 걱정하지 말라고 위로를 하더란다. 특히 이상이 있던 굵은 혈관도 정상이 되어있었다는 것이다.

아내는 의사로부터 이 말을 듣고 그 사이에 혈관을 만져주신 하나님께 찬양을 올렸다고 한다. 그리고 이 일로 인해 하나님께서 남편을 살려주신다는 확신까지 갖게 되었다.

> "너는 돌아가서 내 백성의 주권자 히스기야에게 이르기를 왕의 조상 다윗의 하나님 여호와의 말씀이 내가 네 기도를 들었고 네 눈물을 보았노라 내가 너를 낫게 하리니 네가 삼 일 만에 여호와의 성전에 올라가겠고"(열왕기하 20:5).

수술 후에 잠깐 안심했던 시간

수술 후 곧 입원실로 옮겨졌다. S 병원은 워낙 환자들이 많아 다른 병원에 비해 속히 자리를 내줘야 한다. 이 점은 큰 병원의 단점 같기도 하다. 지금도 수술실 앞에서 날 기다리던 사랑하는 아내와 딸의 모습을 잊지 못한다. 가장 절박했던 인생의 끄트머리에 바로 이들이 있었던 것이다.

그런데 수술 다음 날부터 간호사는 링거 걸이를 붙잡고 자꾸 복도를 걸으며 운동을 하라고 종용했다. 그래야만 수술 부위가 빨리 아물게 된단다. 그리고 건물 자체도 환자들의 걷기 운동을 위해 육상 경기장처럼 타원형으로 만들어져 있었다. 나도 아내의 재촉에 따라 부지런히 돌고 돌기를 반복했다. 이렇게 아파서 운동을 하지 말고 건강할 때 했어야 했는데 불철주야 기도만 한답시고 대부분의 시간을 자리에 앉아서 생활하고 있었으니 그사이에 큰 병이 들어오고 있었던 것이다. 이것을 소 잃고 외양간 고치기라고 하던가?

그래서 지금은 거의 매일 30분 실내 자전거 운동이라도 하며 건강을 다지고 있다. 이제 와서 생각해 보면 걸으면서 기도하는 것도 좋은 방법이라고 사료된다.

수술 후에 금식은 계속되었다. 그러니 얼마나 체중이 급속하게 줄었겠는가! 일단 수술을 하면 비만이나 과체중은 걱정할 필요가 없다. 당시에 난 15kg 이상이 줄었다. 그야말로 속수무책이었다. 지금도 전도를 할 때마다 사람들이 살 오른 내 얼굴을 보며 믿지 못하겠다는 반응을 한다. 그럴 줄 알았으면 해골같이 마른 내 모습을 사진으로 남겨 놨어야 하는데 아쉽기도 하다. 하지만 당시는 정신적으로 그럴 만한 여유가 없었다. 그래도 훗날 사진관에 가서 장례할 때 사용할 영정 사진만큼은 찍어 놓은 적이 있다.

수술 환자들 가운데는 사진 촬영 결과 잘못된 곳이 발견되어 재수술을 해야 하는 사람들도 여럿 있었다. 한 번 암 수술을 받기도 힘이 드는데 또 수술을 받아야 하니 참 고통스러웠을 것이라는 짐작을 했다. 수술을 한다 해도 반드시 산다는 보장이 없지 않은가! 바라기는 암에 걸리지 않도록 극히 조심하여 건강을 도모하시길 바란다.

다행히도 난 1차 수술에서 괜찮았는지 다시 부르지 않았다. 조금 안심을 하고 있었는데 회진 시간에 문을 열고 들어오는 주치의의 표정을 보니 많이 어둡게 보였다.

> "맹인이 보며 못 걷는 사람이 걸으며 나병환자가 깨끗함을 받으며 못 듣는 자가 들으며 죽은 자가 살아나며 가난한 자에게 복음이 전파된다 하라"(마태복음 11:5).

이미 전이된 암세포

"암세포가 이미 임파선에 전이되었습니다. 그렇지 않으면 항암 치료만 받아도 되는데 방사선 치료까지 받아야 합니다."

난 주치의의 이 말 한마디에 충격을 받을 수밖에 없었다. 비교적 초기 췌장암이라서 수술을 받기만 하면 별문제가 없이 회복될 줄 알았는데 이게 웬일이란 말인가. 췌장암은 참으로 무섭다는 생각을 했다.

그런데 조금 후 다시 레지던트로 보이는 의사 두 명이 들어와서 시무룩한 표정으로 어렵게 말을 꺼내는 것이었다.

"수술은 했지만 생존은 보장할 수 없습니다."

주치의보다 더 충격적인 이들의 냉정한 말 앞에서 머리속은 하얗게 변했고 아무런 생각이 나질 않았다. 심장마저 쿵쾅거리며 정신을 못 차리게 했는데 이는 곧 사망을 의미하는 것으로 받아들여졌기 때문이다.

그날 밤 나와 아내는 생애 처음으로 조금의 잠도 못 이루며 뜬눈으로 밤을 지새웠다. 지금 와서 생각해 보면 참 부끄러운 일이지만 이때는 천국도 전혀 생각 나질 않았다. 그 대신 음산한 죽음의 공포만이 병실을 가득 메우고 있었다.

> "해 질 무렵에 사람들이 온갖 병자들을 데리고 나아오매 예수께서 일일이 그 위에 손을 얹으사 고치시니"(누가복음 4:40).

방사선 치료를 포기하다

그럼에도 불구하고 S 병원에서는 수술한 지 2일 만에 속히 퇴원할 것을 종용했다. 수술 부위 상처는 다른 동네 병원에 가서 치료를 받으란다. 하지만 췌장암 환자인 나를 환영해 주는 병원은 거의 찾을 수가 없었다.

그만큼 S 병원은 치료를 다 못 해줄 정도였으나 많은 암 환자가 자기 입원 차례를 기다리고 있는 선망의 병원이었다. 병원 현관 벽에 걸려있는 큰 게시판을 보니 우리나라 암 환자 10명 가운데 1명은 이 병원을 이용했다는 문구가 있었다. 명성만큼은 자부심이 깅한 병원으로 비추어졌다.

하지만 난 기독교 병원에서 치료를 받고 싶었다. 어려운 수술을 해준 것은 고마웠지만 환자에게 필요한 위로와 격려가 거의 없었기 때문이다. 이곳은 정신적으로 삭막함을 느끼는 마치 공장형의 병원 같았다. 그러니 정서적으로 불안한 암 환자들이 얼마나 힘들어하며 치료를 받겠는가! 물론 넘치는 환자들로 인해 의사들에게도 적지 않은 고충은 있을 것이다.

이런 상황에서 죽음을 앞둔 나는 그래도 예수님의 사랑이 깃들어있는 기독교 병원으로의 이동을 더욱 갈망하게 되었다. 크리스천 의사와 간호사로부터 신앙적인 위로를 얻으며 치료받기를 원했기 때문이다.

그래서 군포에 소재한 모 기독교 병원에 문의를 한 적도 있었지만 친구 의사가 이 사실을 알고 그냥 시설과 치료 환경이 좋은 S 병원에서 통원 치료를 받으라고 했다. 그래서 결국 기독교병원으로 옮기지 않고 S 병원에서 계속 치료를 받기로 했다.

퇴원을 하기 전 방사선 치료실로 내려갔다. 의사는

매일 1회 36회의 방사선 치료를 받으라고 했다. 그때 내가 살던 집은 기흥 삼성 반도체 회사 부근 신영통에 위치하고 있었기 때문에 아픈 몸을 이끌고 서울에 있는 병원으로 통원 치료를 하러 다니기가 그리 쉽지만은 않았다.

결국 어차피 생존 가능성이 많지 않은데 고생스런 방사선 치료는 포기하기로 결정했다. 그리고 이로 인해 의사들로부터 적지 않은 핀잔을 받기도 했다. 의사가 시키는 대로 하지 않아 높은 자존심에 상처를 입힌 것은 아닐까? 아무튼 인간적으로는 무척 어리석은 결정이었으리라!

> "이는 내가 그 피곤한 심령을 상쾌하게 하며 모든 연약한 심령을 만족하게 하였음이라 하시기로 내가 깨어 보니 내 잠이 달았더라"(예레미야 31:25-26).

잘 아물지 않던 수술 부위

 겨우 동네 병원을 찾아서 수술 부위가 아물 수 있도록 치료를 받았지만 잘 낫지 않고 계속 진물이 흘러나왔다. 항암 치료를 하려면 상처가 모두 아물어야 가능하다는데 이것도 큰 고민거리였다. 그럴 때마다 S병원에서 이 부분을 충분히 치료받고 나왔어야 했다는 아쉬움이 더 깊은 한숨을 쉬게 했다. 하지만 병원의 조기 퇴원 조치를 따를 수밖에 없었던 나로서는 어쩔 수가 없었다. 이게 환자 많은 큰 병원의 숨겨진 사정이었던 것이다.

 그러던 중 내가 고용량 비타민C 링거 주사를 맞고

있었던 판교 사랑의 병원의 외과 의사가 이를 알고 자신의 수술 경험을 살려 아주 특별한 방법으로 진물이 관을 통해 흘러나오도록 치료를 해주셨다. 놀랍게도 그때부터 진물이 마르기 시작했고 수술 부위가 아물어 갔다.

이 외과 의사는 내가 한창 힘들어할 때 정신적으로 큰 위로와 격려를 해주신 고마운 분이다. 부정적인 이야기는 절대 하지 않았으며 병이 낫는다고 큰 소리로 공언까지 하셨다. 다른 병원에서는 들을 수 없었던 이 말에 얼마나 감격을 했는지 지금도 잊을 수가 없다. 그래서 내가 기독교 병원을 더욱 선호하게 된 이유가 된 것 같기도 하다.

> "이에 예수께서 대답하여 이르시되 여자여 네 믿음이 크도다 네 소원대로 되리라 하시니 그때로부터 그의 딸이 나으니라"(마태복음 15:28).

내가 죽음을 묵상하며 힘들어했던 이유

수술 부위가 아물고 드디어 4차에 걸쳐 12회의 항암 치료가 결정되었다. 매주 1회씩 3회를 받고 한 주 쉬는 방식이었다. 그런데 항암 치료에 들어가기 전 간호사의 이 한마디가 뼛속 깊이 파고들었다.

"항암 치료를 받아도 췌장암에는 별로 효과가 없습니다."

설령 죽을 때는 죽더라도 왜 미리 그런 말을 하는 건지... 난 이때 환자에게 희망을 주는 말이 얼마나 중요한지를 뼈저리게 깨달았다. 정신적으로도 긍정의 사고가 질병을 이기는 기적을 일으킬 수도 있지 않은가!

이후로 병원에서 듣게 된 의사와 간호사의 무서운 통고(?)로 인해 삶의 의욕을 잃은 채 한동안 계속 죽음을 묵상하며 힘든 기간을 통과해야 했다. 그리고 사람의 말을 하나님의 말씀으로 극복하기 위해 처절한 노력을 기울이며 고군분투해야만 했다.

영혼의 의사라고 할 수 있는 목회자도 절대 부정적이고 절망적인 이야기를 하면 안 될 것이다. 신앙생활은 직장생활이 아니므로 타율성보다는 자율성을 많이 필요로 한다. 한 마디로 신앙생활은 신이 나야 모든 활동이 가능한데 이런 영적 에너지가 소멸되면 아무것도 하기 싫어진다. 난 항암 치료의 무용론에 빠진 후부터 밤마다 암에 걸려 헤매는 꿈을 하루도 거르지를 못했고 거의 숙면을 취할 수가 없었다.

> "마침 사람을 장사하는 자들이 그 도적 떼를 보고 그의 시체를 엘리사의 묘실에 들이던지매 시체가 엘리사의 뼈에 닿자 곧 회생하여 일어섰더라"(열왕기하 13:21).

병원의 작은 교회

대개 항암 치료가 환자들에게는 큰 충격으로 다가온다고 한다. 구토가 나고, 밥맛이 없고, 머리털이 빠지는 것 등이 그 예이다. 그런데 난 너무나 수월하게 항암 치료를 받았다. 구토도 나지 않았고, 머리털도 빠지지 않았다. 단지 몸이 조금 피곤하다는 것과 밥맛이 없는 정도였다.

그러나 주방에서 흘러나오는 냄새는 매우 역겹게 느껴져서 그쪽을 쳐다보기도 싫었다. 내가 짐작하기에 항암 치료의 고통을 조금 덜게 된 이유는 정기적으로 고용량 비타민C 정맥 주사를 맞고 생식을 통해 영양분을 충분히 공급받을 수 있었기 때문이 아닌가 짐작해 본다. 거의 냄새가 없는 생식은 얼마든지 먹을 수 있었기 때문이다. 어쨌든 항암 치료는 예상외로 쉽게 받을 수가 있었다.

그리고 S 병원 지하에는 10평 미만의 작은 예배당이 있었다. 그뿐 아니라 성당과 법당도 있었다. 난 병원에 갈 때마다 진료 대기실 의자에 앉아 긴장하며 차례를 기다리지 않고 예배당으로 가서 기도부터 했다. 얼마나 간절한 기도였겠는가! 내 육신은 중병으로 인해 지쳐 있었지만 예배당에서의 기도를 통해 밀려오는 불안감을 많이 해소할 수가 있었다. 기도하는 그곳이 바로 내 마음의 피난처요, 내 몸이 포근히 안길 수 있는 따스한 주님의 품이었던 것이다.

> "여호와께서 자기 백성의 상처를 싸매시며 그들의 맞은 자리를 고치시는 날에는 달빛은 햇빛 같겠고 햇빛은 일곱 배가 되어 일곱 날의 빛과 같으리라"(이사야 30:26).

갖가지 일로 어려웠던 투병 생활

그런데 자꾸 빈혈이 발생했다. 자리에서 일어날 때는 노란색 하늘이 빙빙 돌아가면서 힘없이 쓰러지려 했다. 참으로 한심했다. 그것도 한 번이 아니고 여러 번 반복되어 나타났다. 이는 단순한 빈혈이 아니라 암으로 인해 몸의 균형이 깨져 점점 발생 빈도가 높아지는 것 같아서 많이 불안했다. 또한 무릎에 통증이 생겨 비가 억수같이 쏟아지던 밤, 119 구급차에 실려 병원 응급실로 실려 가기도 했다.

진통제를 맞고 날이 새기까지 응급실에 누워 있었는데 처량한 생각만 들었다. 이것도 췌장암으로 인해 더 통증이 멈추질 않는 것 같아 파도처럼 덮쳐오는 절망에 떠밀려 깊은 한 숨을 내쉬며 한탄할 수밖에 없었다.

어느 날은 췌장암에 관한 유튜브 영상을 찾아보면서 살 수 있는 길이 있는지 알아보려고 뜬눈으로 밤을 지새우기도 했다. 이때는 조금도 졸리지를 않았다. 그러나 사는 방법보다는 죽음에 관한 내용으로 거의 가득했다. 오히려 이로 인해 우울한 마음만 갖게 되었다.

그러다가 어디에서 꿈의 암 치료라고 불리는 중입자 치료에 관한 내용을 알게 되었다. 이 중입자 치료는 효과는 좋지만 막상 우리나라에 이를 위한 기계가 한 대도 없다는 것이 문제였다. 불과 일본과 독일 등 몇 나라만 보유하고 있는데, 실제로 중입자 치료를 받기 위해 해외로 발길을 돌리는 암 환자도 많았다. 지금은 서울 세브란스 병원에 이 시설이 들어서서 환자를 치료하는 것으로 알고 있다.

일본 중입자 치료 한국 지부에 연락을 했더니 대

뜸 암세포가 다른 곳으로 전이되지는 않았느냐고 물었다. 임파선에 전이되었다고 하자 한 마디로 잘라 말했다.

"암세포 전이 환자는 중입자 치료를 받을 수가 없습니다."

> "네 하나님 여호와를 섬기라 그리하면 여호와가 너희의 양식과 물에 복을 내리고 너희 중에서 병을 제하리니 네 나라에 낙태하는 자가 없고 임신하지 못하는 자가 없을 것이라 내가 너의 날 수를 채우리라"(출애굽기 23:25-26).

아플 때 만난 '먹거리 복음'

이젠 암을 고칠 길이 전혀 보이질 않았다. 내겐 중입자 치료가 마지막인 것 같았는데 전이된 췌장암은 그마저도 치료가 불가능하다고 하니 더는 의학적인 가능성마저 굳게 닫힌 셈이었다.

물론 이 당시 이롬 생식은 먹고 있었지만 생식으로 암을 고친다는 것은 가당치도 않게 느껴졌다. 그렇지만 밥맛이 없고 몸은 말라가는 상황에서 궁여지책으로 생식이라도 먹어야 했다. 그런데 놀랍게도 이로 인해 비교적 항암 치료를 수월하게 받을 수가 있었다.

황성주 박사가 주창하는 통합 의학 치료도 한 몫

을 한 것 같다. 지금 췌장암 완치 후에도 수년째 생식을 먹고 있으며, 다른 질병도 치유되는 경험을 하고 있다. 그래서 이롬플러스에서는 생식을 일컬어 '먹거리 복음'이라고도 부른다. 지금도 황성주 박사는 전 세계를 다니시면서 Billion Soul Harvest, 10억의 영혼 추수 운동에 최선을 다하고 계신다.

홍보 이사이신 물맷돌 전도왕 정재준 장로님과 전도에 전념하고 있는 부족한 이 종이 이롬플러스에서 만나게 된 것도 결코 우연이 아니라는 생각이 든다.

하지만 하나님께서 기도와 생식으로 살려주실 것을 몰랐던 나는 늘 죽음의 늪에 빠져서 하루하루를 힘들게 살았다. 그리고 이미 정신적으로는 이 세상 사람이 아니었다. 건강한 사람과는 생각이 달랐고 행동이 달랐다. 내가 언제 웃었는지 생각이 안 날 정도였다.

TV도 몇 개월째 시청하지 않고 있었다. 어느 날 기독교 방송에서 목사님 한 분이 설교를 하시는 모습을 보았는데 문득 저분은 건강하게 말씀을 전하시건만 나는 병이 들어 설교도 못하고 있다는 생각에 슬픔 젖은 한숨만 푹푹 내쉬고 있었다. 담임목사의 설교를 듣지 못하는 성도들 역시 불쌍하게 생각되었으나 어찌할 방법이 없었다.

그래서 주일 오전 예배는 부목사님이 설교를 하시고 주일 오후 예배는 명설교로 유명하신 목사님들의 영상 설교를 통해 은혜를 받게 했다. 그러나 얼마나 답답하고 허전했으랴.

목사가 죽음을 앞두면 이루 말로 표현할 수 없는 극도의 스트레스와 절망에 빠지게 된다. 결국 가정도 놓고 가야 하고, 이에 더해 교회마저 손을 떼고 영원히 떠날 수밖에 없기 때문이다. 죽으면 그만인데 우습게도 나는 내가 세상을 떠나면 가족과 성도들은 어떻게 될까를 고민하고 있었다. 내게 너무 믿음이 없었을까?

하지만 이 심정은 죽음의 실존을 맛보지 않은 사람은 조금도 짐작할 수도, 이해할 수도 없다. 죽음은 이러니저러니를 논할 수 있는 감상적인 차원의 문제가 아니기 때문이다.

물론 생사화복을 주관하시는 하나님께서 모든 것을 이끌어가시겠지만 실제로 목사가 사망한 후 어려움을 겪는 교회를 적지 않게 보아오기도 했다. 특히 목사의 청빙 문제가 그렇다.

> "예수께서 손을 내밀어 그에게 대시며 이르시되 내가 원하노니 깨끗함을 받으라 하시니 즉시 그의 나병이 깨끗하여진지라"(마태복음 8:3).

어머니의 품에 얼굴을 묻고...

 슬픔 가운데 영정사진 촬영을 마치고 병점 소재 늘 사랑 요양원에 계신 어머님을 찾아뵈었다. 평상시에는 종종 들러 찬송가를 불러드리고 함께 기도하며 여기저기 몸을 주물러드리기도 했지만, 내가 아픈 후에는 오랜만에 뵐 수밖에 없었다. 그것도 그 무섭다는 췌장암에 걸린 아들로...

 다행히(?) 이때는 어머님이 연로하셔서 정신이 맑은 상태가 아니었다. 그로 인해 어머님은 날 제대로 알아보지도 못하셨다. 나는 이런 어머님의 얼굴을 마주하는 순간 폭포수아 같은 눈물을 쏟아낼 수뵈에 없었다. 어머님의 품에 얼굴을 묻고 한없이 흐느끼며 어떻게 이런 상황이 되었는지 가슴을 쥐어짜며 한탄해야만 했다.

"이 못난 불효자식이 어머니보다 더 먼저 세상을 떠나야만 하다니요. 호랑이라도 나올 법한 두메산골에서 땅을 파며 힘들게 생활을 하시던 어머니, 남편의 갑작스런 사망으로 39세의 나이에 혼자 되셔서 5남매를 책임지고 먹여 살려야만 했던 우리 어머니, 작은 논밭을 팔아 서울로 올라와 단칸방에 터를 잡고 빌딩 청소를 하며 많이 고생하셨던 나의 어머니, 목회자가 된 아들로 인해 그렇게도 행복해하셨던 믿음의 어머니!"

그런 어머니를 놔두고 먼저 곁을 떠나야만 했던 난 저 깊은 곳에서 끓어오르는 회한을 멈출 수가 없었다. 사실 당시는 천국에 간다는 기쁨보다 곧 주변인과 이별을 할 수밖에 없다는 좌절감이 내 마음을 더욱 크게 짓누르고 있었던 것이다.

당시는 항암 치료 중이었는데 증상은 가벼웠지만 잠을 제대로 잘 수가 없어 수면제를 복용해야 했고, 정신적으로도 안정되지를 않아 중얼거리듯 의미 없는 말도 여러 번 반복했다.

> "하나님이 바울의 손으로 놀라운 능력을 행하게 하시니 심지어 사람들이 바울의 몸에서 손수건이나 앞치마를 가져다가 병든 사람에게 얹으면 그 병이 떠나고 악귀도 나가더라"(사도행전 19:11-12).

죽음의 공간이 빚어낸 슬펐던 날의 추억

이렇게 심신이 피폐해진 상태로 집에 누워 있을 때 많은 고통을 겪었다. 전혀 목회를 할 수 없는 상황에서 집 안에 머물러 있노라면 온갖 상념이 나를 한없이 가라앉게 했다. 특히 췌장암이라는 무서운 병이 정신을 지배하다시피 하여 숨이 막힐 듯한 공포까지 안겨주었다.

물론 이를 극복하기 위해 성경도 묵상하고 기도도 열심히 하며 매일 두 번 예배를 드렸으나 우울한 마음은 쉽게 가시질 않았다.

지금 생각하면 당시 자리에서 벌떡 일어나 외부

활동을 좀 더 많이 했더라면 조금 나았을 것이라는 아쉬움도 있다. 하지만 그땐 완전히 의욕을 상실한 상태였다.

사실 건강을 회복한 지금도 실내에만 머물러 있으면 잡념에 빠져 쓸데없는 걱정을 하게 되는 것 같기도 하다. 그리고 내가 건강할 때는 하루만 집에 머물러 있어도 집 멀미가 날 정도로 활동적인 삶을 살았다. 거의 매일 기도 대원, 전도 대원과 함께 역동적인 신앙생활을 했기 때문이다.

감사하게도 하나님께서는 나를 다시 활발했던 과거로 되돌아가게 해 주셨다. 단, 인생을 보는 눈과 살아가는 내 모습이 많이 달라졌을 뿐이다. 비록 거의 나 홀로이지만 밖으로 나가 전도를 할 때가 많고 말로 표현하기가 어려울 만큼 넘치는 하늘의 기쁨을 누리며 살고 있다.

요즘 따라 그리스도인의 기쁨은 다른 데 있는 것이 아니고 세상에 나가 복음을 전파하는 데 있음을 절실히 느끼곤 한다. 말씀의 기쁨, 찬송의 기쁨, 기도의 기쁨, 봉사의 기쁨, 교제의 기쁨 등이 있겠으나 그 어떤 기쁨도 전도의 기쁨을 대신할 수는 없으리라!

그런 의미에서 노방 전도를 감당했던 몇 년간은 내 생애 최고의 날들로 가득 채워져 있어서 감사하다. 그리고 앞으로도 그럴 것이다.

하지만 당시는 전도도 할 수가 없었고 오직 내게 찾아온 췌장암만 생각하고 있느라 정신이 반쯤은 나간 상태였다. 그러면서도 사람을 만나기가 싫었고 전화 통화도 하기가 부담스러웠다. 또한 내 얼굴마저 전형적인 중병 환자의 몰골로 흉하게 바뀌어 가고 있었다.

마른 몸에 갈비뼈는 튀어나왔으며 황달이 찾아온 눈은 노란 색깔을 띠고 있었다. 이에 더해 근육이 모두 소실되기까지 하루 종일 자리에 누워있기만 했다. 딸들은 이런 아빠를 보며 이젠 살아날 수가 없겠다는 생각을 했다고 한다. 그러니 가족들의 마음이 얼마나 답답하고 힘들었겠는가!

"베드로가 이르되 은과 금은 내게 없거니와 내게 있는 이것을 네게 주노니 나사렛 예수 그리스도의 이름으로 일어나 걸으라 하고"(사도행전 3:6).

질병과 사람으로 인한 상처

　난 이렇게 죽느냐 사느냐로 힘들어하고 있는데 같은 동네 목사님에게서 전화가 왔다. 위로의 전화인 줄 알았으나 그게 아니고 이런 의미가 담겨 있는 내용이었다.

　"목사님이 돌아가시면 우리 교회와 합병을 하는 게 어떻겠습니까?"

　그땐 이미 내가 췌장암에 걸렸다는 소문이 주변 지역에 퍼져 있는 것 같았다. 그리고 췌장암은 곧 죽음을 의미하므로 목사님이 속히 그런 연락을 하신 모양이다. 그래서 가끔 난 방정맞은(?) 생각을 하기도 한

다. '내겐 췌장암이 비극이었지만 어떤 사람에겐 희극이 되었을까?'

훗날 합병을 시도하던 교회는 그만 깨어지고 말았는데 안타깝게도 목사님이 여성도와 바람을 피웠기 때문이란다. 그리고 심지어 이상한 이야기도 들려왔다. 주변인 중에서 내가 살아난 것을 모두가 좋아한 게 아니었다는 것이다. 과연 인간의 시기심과 질투심은 어디까지 가는 걸까?

지금 와서 이 글을 쓰고 있는 내 마음도 많이 아파 울컥하기까지 하다. 이런 일을 통해서 누가 어려움을 당하면 온갖 추측을 하여 빗나간 해석을 한다거나 다른 목적을 갖지 말고, 진심으로 아픔을 함께하고 위로해 주는 모습을 보여주는 것이 중요하다는 생각을 하게 되었다.

지금도 이 트라우마(trauma)로 인해 우리 교회가 무너지기를 기다리고 있는 사람들이 있는 것은 아닐까 하는 억측에 빠지기도 한다. 이 역시 밑도 끝도 없는 막연한 짐작이 아니라 그런 이야기를 들은 적이 있었기 때문이다. 물론 당시 우리 교회 성도들에게는 일언반구 아무런 말을 하지 않아 이런 소문을 모르고 있었을 것이다.

오늘날도 아픔을 같이 하며 조건 없이 선행을 베푸는 선한 사마리아인이 많이 필요하다. 우리 모든 그리스도인은 웃는 자와 함께 웃고 우는 자와 함께 우는 진정한 이웃 사랑의 소유자가 되었으면 좋겠다.

> "그 아이의 손을 잡고 이르시되 달리다굼 하시니 번역하면 곧 내가 네게 말하노니 소녀야 일어나라 하심이라"(마가복음 5:41).

치유기도문

주님, 믿음으로 기도드립니다. 저를 일으켜 주옵소서. 먼저 모든 죄를 사하여 주옵소서.

알고 지은 죄, 모르고 지은 죄, 모든 죄를 회개하며 기도합니다. 무엇보다 회개를 기뻐하시는 하나님 아버지이심을 믿습니다.

참회의 기도를 통해 병을 고쳐 주시는 하나님의 자비하심을 체험하게 하옵소서. 놀라운 치유의 역사를 많은 이들이 보게 하시고, 주님의 이름을 찬양하게 하옵소서. 예수 그리스도의 이름으로 간절히 기도하옵나이다. 아멘.

> "손을 내밀어 병을 낫게 하시옵고 표적과 기사가 거룩한 종 예수의 이름으로 이루어지게 하옵소서 하더라"(사도행전 4:30).

이진규 목사님 부부와 함께

3부

나의 선한 사마리아인들

고마운 동기 이진규 목사님과 독수리 5형제

날이 갈수록 투병 생활의 고통은 점점 가중되어 갔다. 마치 죽음을 앞둔 사형수의 심정을 방불케 했다. 그런데 그때 내가 죽음의 두려움을 이기고 천국을 소망하며 기뻐했더라면 얼마나 좋았으랴!

지금 돌이켜 보면 당시 내 믿음의 정체성이 어디에 있었는지 부끄럽기 짝이 없다. 건강할 때는 천국을 전제로 한 죽음 예찬론을 거리낌 없이 펼쳤던 내가 아니었던가! 특히 장례 예배를 집례하면서 담대하게 천국을 강조했던 나 자신이었다. 실제로 내 마음도 이에 대한 확신으로 충만하기까지 했다.

그런데 막상 죽음을 앞두고 보니 아직 천국 문은 전혀 열고 싶지 않았다. 대신 이 세상에서 살길로 들어가는 문만 찾기 위해 애를 썼는데 그 문이 전혀 보이질 않는 게 문제였다. 사실 하나님이 생명의 문이신데...

이렇게 무기력하게 헤매고 있을 때 온 힘 다해 나를 위로해 주신 고마운 목사님 한 분이 계신다. 총신대학원 동기 이진규 목사님이시다. 그분은 거의 매일 전화와 메시지로 내가 삶의 끈을 놓지 않도록 강하게 독려해 주셨다. 나 역시 그분의 말씀을 들으면 죽음의 늪을 벗어나 부활의 세계로 들어온 느낌이었다. 이때는 통화 시간이 아무리 길어도 길게 느껴지질 않았다. 외로웠던 난 그렇다고 하더라도 이 목사님은 날 위해 기도와 격려의 사랑을 쏟아붓느라 얼마나 힘이 드셨겠는가!

그런 의미에서 사랑은 희생이다. 훗날 내가 완치 판정을 받은 후에 말씀하시는데 나를 향해 살아날 것이라고 말은 했지만 속으론 생존이 어려울 것이라는 생각을 하셨다고 한다. 이 일로 인해 주변인들의 환자를 향한 따뜻한 격려가 얼마나 중요한지를 새삼 깨닫게 되었다.

그리고 독수리 5형제로 일컬어졌던 총신의 같은 반 출신 목사님들 역시 날 위해 눈물로 기도해 주셨다. 난 그분들의 기도 사랑을 잊을 수가 없다. 지금도 우리는 한 형제처럼 가깝게 지내고 있으니 기쁘고 감사한 일이다.

> "이르시되 너희가 너희 하나님 나 여호와의 말을 들어 순종하고 내가 보기에 의를 행하며 내 계명에 귀를 기울이며 내 모든 규례를 지키면 내가 애굽 사람에게 내린 모든 질병 중 하나도 너희에게 내리지 아니하리니 나는 너희를 치료하는 여호와임이라"(출애굽기 15:26).

보고 싶은 이정근 목사님

내가 암에 걸렸을 때 연세대학교 교육대학원에서 만나 가깝게 지내던 이정근 목사님에게서 연락이 왔다. 곧 우리 집에 오셔서 기도해 주시겠다는 것이다. 그런데 얼마 가지 않아 이 목사님이 그만 피부암으로 돌아가셨다는 비극적인 소식이 내 귓전을 때렸다. 난 이 일로 정신을 잃을 정도의 큰 충격을 받았다. 고인의 별세를 애도하는 마음도 컸지만 나 역시 얼마 가지 않아 그분의 뒤를 따라가겠구나 하는 슬픔도 크게 작용했기 때문이다.

이 목사님은 장로회 신학대학원을 나와 육군 군종

목사로 복무를 하신 뒤 경기도 남양주시에서 경성교회를 개척하여 목회를 하고 계셨다. 성격이 활달하셨고 지식도 깊어 사모님이 공부하신 동화고등학교에서 교목으로도 일하셨다. 나는 이보다 일찍 그분이 군목으로 근무하실 때부터 알게 되었는데 몇 년간 전혀 소재를 모르고 지내다가 교육대학원 입학 동기로 오랜 후에 다시 만나게 되었으니 어쩌면 필연적인 만남이었다고 할 수도 있겠다.

우리는 이 대학원에서 늘 함께 붙어 다녔다. 그러므로 나중에는 호형호제할 만큼 친밀한 사이가 되어 서로 조언을 구하며 격려하는 둘도 없을 만큼의 가까운 사이로 발전하기도 했다.

그분은 개척 후 목회를 신실하게 잘하셔서 200여 평의 교회 부지를 매입하고 단층 규모로 작은 건물까지 짓는 등 행복하게 사명을 감당하고 계시는 중이었다. 나 역시 이 교회의 행사가 있을 때마다 부지런히 왕래했고 심지어 부흥회까지 인도하기도 했다. 그분도 예장 통합 교단에서 이름 있는 부흥사로 활동하시던 터였다.

그런데 이 교회가 갑자기 남양주 다산 신도시 개발 지구로 수용이 된 것이다. 이때부터 그분과 나는 경기도 토지 공사를 상대로 엄청난 투쟁(?)을 했다. 이런 상태로는 교회가 신도시에서 예배당을 건축할 수가 없으니 토지 공사가 직접 건물을 지어달라는 요청이었다.

실제로 그 교회는 부채마저 안고 있었던 것 같다. 시의원과 경기도지사를 찾아가 여러 번 부탁했으나 전혀 효과가 없어 나중에는 각 기독교 방송과 신문사의 기자들을 기독교 100주년 기념관에 불러서 몇 회에 걸쳐 기자 회견을 열기도 했다.

이 과정에서 발생하는 비용 가운데 일부는 우리 교회에서 부담한 바 있다. 사실 그때까지 각지역마다 신도시로 개발되는 과정에서 12,000여 교회가 건축비를 감당할 수가 없어 터무니없이 적은 보상금만 받고 쫓겨나다시피 다른 곳으로 옮겨갈 수밖에 없었던 상황이었다. 그만큼 땅과 건물이 제대로 확보되지 않으면 교회가 신도시에서 자리 잡기가 어려웠다.

하지만 우리 둘은 한국 교회를 위하는 마음으로 열심히 일을 추진해 갔다. 당시 우리에게는 신도시 개발 지역의 교회마다 정부의 충분한 보상을 받고 그 지역에 견고히 세워져 복음을 전하는 교회로서의 사명을 다하게 하자는 결의로 충천한 상태였다.

그러던 중 이분이 피부암에 걸려 병원에 입원하셨다는 연락이 왔다. 그동안 건강을 위해 운동도 열심히 해오셨는데 이게 웬일이란 말인가! 결국 얼마 후에 더는 견디질 못하시고 먼저 천국으로 떠나가셨다. 그동안 교회 문제 때문에 얼마나 많은 스트레스를 받으셨을까!

나는 어쩌면 한국 교회를 위해 헌신하려고 했던 우리가 나란히 치명적인 암에 걸리는 비극을 맞았을까 하는 비통한 심정 때문에 하나님을 원망하기도 했다. 우리가 한국 교회를 위해 온 힘을 다하기로 했는데 굳이 하나님께서 이런 일을 겪게 하시다니 그야말로 무조건 감사하지 않으면 견딜 수가 없는 노릇이었다.

난 그때를 기점으로 작은 것부터 큰 것까지 범사에 감사하려 애쓰는 삶을 살고 있다. 그리고 지금 와서 생각해 보면 그분은 지상에서의 신도시는 들어가지 못하셨지만, 천상에서의 신도시인 천국으로 들어가 무거운 세상 짐을 모두 내려놓고 완전하고 영원한 평안을 누리게 되었으니 어쩌면 영적으로는 더 나은 축복일 수도 있을 것이다. 지금 내가 전도를 하면서 전도 대상자에게 "천국!", "천국!" 하는 이유도 성경은 물론 이런 경험을 근거로 한 게 아닐까 싶다.

그런데 아이러니하게도 지금은 우리 교회가 신도시 개발 예정 지구로 수용이 되었다. 감사하게도 이를 미리 짐작하고 어느 정도 종교 용지와 건물을 확보해 놓은 상태인데 충분히 건축이 가능하리라 생각한다.

그러나 나의 궁극적인 목표는 열심히 전도하다가 천국에 가서 상급을 받는 것이다. 보고 싶은 이정근 목사님도 다시 만나 얼싸안고 춤을 추는 그날이 반드시 오겠지.

"모든 눈물을 그 눈에서 닦아 주시니 다시는 사망이 없고 애통하는 것이나 곡하는 것이나 아픈 것이 다시 있지 아니하리니 처음 것들이 다 지나갔음이러라"(요한계시록 21:4).

잊을 수 없는 안종찬 목사님의 치유 기도

내가 췌장암으로 인하여 한창 고통을 당하고 있을 때였다. 갑자기 오래 전 우리 교회에서 부교역자로 사명을 감당했던 안종찬 목사님 부부의 방문을 받았다. 그렇지 않아도 목사님은 우리 교회 개척 당시 총신대학원에 다니며 신실하게 사명을 감당해 줘서 늘 고마운 마음을 갖고 있던 분이었다. 얼마 있다가 오산으로 개척을 떠났고 잠깐 선교비 협력을 하기도 했다.

이렇게 오랜 세월이 흘러서 왕래가 뜸하던 차에 내가 아프다고 연락을 한 적도 없었으나 때를 맞춰 우리 집에 오시게 된 것도 신기했다. 그리고 당시 안 목사님은 치유의 은사를 받아 병자를 고치는 사역에 전념하고 있었다. 군포에서 개척 교회를 하고 있었기 때문에 가까운 거리가 아님에도 목사님과 사모님은 몇 개월에 걸쳐 매주 2회를 지체하지 않고 달려와 질병으로 스러져가고 있는 나를 위해 온 힘을 다해 기도해 주셨다.

사실 내가 얼마 못 가서 죽을 가능성이 많아 이런 정성도 허무하게 사라질 수밖에 없었는데 조건 없는 사랑과 사명이 아니면 있을 수가 없는 헌신이었다. 마침 안 목사님은 고향이 같았고 심지어 돌담 하나로 이웃하여 어릴 적 형 동생으로 자라 목회자가 된 막역한 관계이기도 했다. 이분들의 간절한 치유 기도는 내게 큰 위로가 되었다. 당시는 투병 생활 중 가장 힘들고 연약할 때였기 때문이다.

특히 안 목사님은 강력한 방언 기도와 영몽을 통해 내게 새 힘을 불어넣어 주셨다. 그분은 1년 365일 교회 강단에서 기도하며 잠을 청하는 삶을 살았다. 그러던 중 어느 날 우리 집에 와서 영몽 이야기를 해주셨다. 우리 고향집 지붕 위에 큰 칼을 찬 천사가 서 있더라는 것이다. 그리고 우리 교회가 붉은 황토로 덮여 있었고 무성한 소나무가 가득 심기어져 있더라는 것이다.

안 목사님은 이로 보아 분명히 하나님께서 살려주실 것이니 건강을 회복하시면 병자들을 위한 치유기도 사명을 감당하라고 하셨다. 그리고 하나님께서 장차 교회도 새롭게 단장을 해주실 것이라고 하셨다. 그 후 우리 교회가 신도시 개발 예정 지구로 수용되었으니 정말 맞는 내용이기는 할까? 그러나 그때까지만 해도 이 말이 도무지 믿어지질 않았다. 우선 당장에 죽어가는 내가 어떻게 살아서 병자들을 위해 기도까지 해준단 말인가!

> "예수께서 백부장에게 이르시되 가라 네 믿은 대로 될지어다 하시니 그 즉시 하인이 나으니라"(마태복음 8:13).

정용식 목사님의 영몽 이야기

그 후 또 다른 치유 싸인(sign)이 있었다. 내가 판교 사랑의 병원에서 고용량 비타민C 정맥 주사를 맞고 있을 때, 김은자 사모님께서 병문안을 오셔서 남편 되시는 정용식 목사님이 며칠 전 나에 대한 영몽을 꾸었는데, 독수리 5형제 친구 목사님들과 사모님들이 계신 곳에 '내가 병이 다 나았다'며 환한 얼굴을 하고 들어오더라는 것이다. 정용식 목사님은 총신대학원 동기이시고, 독수리 5형제 역시 가까운 동기 목사님들의 가족 같은 모임이었다.

그러나 난 기분은 좋았지만 이 꿈 내용이 잘 믿어

지질 않았다. 그만큼 사망의 음침한 골짜기에서 헤매던 내 믿음이 많이 피폐해져 있었던 것이다. 그리고 체중마저 대책 없이 감소하여 광대뼈가 튀어나올 만큼 얼굴이 홀쭉해진 상태였다. 그런데 정 목사님은 매우 영성이 깊으셨고 영몽의 은사가 있으셔서 그분이 꾸신 꿈은 거의 모두가 들어맞는다고 하셨다.

결국 이 꿈대로 나는 기적적으로 살아나게 되었고 다시 독수리 5형제 모임이 있을 때마다 웃음으로 교제하며 기쁨의 교분을 나누고 있다. 당시 눈물의 기도로 애타게 부르짖으신 최상열 목사님과 한길환 목사님, 그리고 사모님들께도 감사드린다. 또한 기도하는 다른 권사님도 하나님께서 분명히 목사님을 살려주시겠다고 약속하셨다며 격려를 계속하셨다.

이를 보면 내가 가장 믿음이 약했던 던 것 같다. 20년이 다 되도록 거의 매일 3시간 이상 기도를 해왔다고 하면서도 막상 죽음 앞에서는 믿음이 어디로 사라졌는지 한심하기가 짝이 없었기 때문이다.

그런데도 이런 나를 불쌍히 여기시고 살려주신 하

나님의 목적이 어디에 있을까? 지금 생각해도 죄송하기만 하다. 단지 건강할 때 노방 전도를 했던 그 모습과, 우리 교회 전도가 아닌 개척 교회 순회 전도를 기억하시고 부족한 나를 췌장암 치유 간증 전도로 사용해 주시는 것은 아닌가 생각해 본다.

어쨌든 나보다 믿음이 좋은 주변인들의 기도를 통해 췌장암에서 살아나 전도와 치유 기도의 사명을 감당하고 있으니 넘치는 은혜에 감사하고 또 감사할 뿐이다.

> "예수께서 이르시되 딸아 네 믿음이 너를 구원하였으니 평안히 가라 네 병에서 놓여 건강할지어다"(마가복음 5:34).

치유기도문

저를 모든 죄와 질병에서 건져주시는 사랑의 하나님 아버지, 그 큰 사랑에 감사하고 감사합니다.

이 시간 좋으신 하나님께 간절히 기도드립니다. 제 기도에 응답하여 주옵소서. 그리고 육신의 질병을 치유하여 주옵소서.

예수 그리스도의 거룩한 십자가 보혈로 영의 질병을 치유 받았사오니 육의 질병도 고침을 받게 하옵소서.

오직 하나님만 바라보는 저에게 자비와 긍휼을 베풀어 주옵소서. 제가 앓고 있는 질병조차도 우연이 아니라 더욱 열심히 기도하라는 하나님의 뜻과 계획이 있는 줄 믿습니다.

예수님도 공생애 사역 기간에 병든 자를 더 불쌍히 여기시고 사랑하셨습니다.

이를 믿고 범사에 감사하게 하시고 어떤 상황에서도 하나님의 사랑과 구원의 기쁨을 잃지 않게 하옵소서.

이 세상에는 몸은 건강한 것 같아도 영혼이 사망의 질병에 걸려 멸망의 심판을 향해 치닫고 있는 사람들이 너무나 많습니다.

제게 굳건한 믿음을 주셔서 하나님의 은혜에 감사하며 어떤 질병 가운데에서도 결코 불평하거나 낙심하지 않게 하옵소서.

주님의 영광을 위해 병 고침 받길 소원합니다. 질병을 치유하여 주셔서 살아계신 하나님의 역사를 온 세상에 증언하게 하옵소서.

제가 이 질병 때문에 조금이라도 주님의 십자가 고난에 동참하게 하시니 감사합니다. 저를 위해 십자가에 달리신 예수님을 생각하며 위로받게 하옵소서.

오직 예수 안에 있는 참된 평안으로 살아가도록 제 몸과 마음을 어루만져 주옵소서. 주님의 피 묻은 손으로 아픈 부분에 안수하여 주옵소서.

앞으로 남은 생애 오직 주님의 영광을 위해 살겠사오니 간절한 기도에 응답하여 주옵소서.

질병으로 신음하는 저를 불쌍히 여기사 육신의 건강을 허락하여 주옵소서.

> "친히 나무에 달려 그 몸으로 우리 죄를 담당하셨으니 이는 우리로 죄에 대하여 죽고 의에 대하여 살게 하려 하심이라 그가 채찍에 맞음으로 너희는 나음을 얻었나니"(베드로전서 2:24).

(주)우현이앤지

노방전도

4부

병고침 받은 자의 삶

정상 판정을 받던 그날의 감격

드디어 정해진 그날, S 병원에 가서 검사 결과를 듣게 되었다. 하지만 의사가 지시했던 36회의 방사선 치료를 받지 않았으니 나를 향한 병원의 태도는 싸늘하기가 그지없었다. 유튜브 영상을 보았는데 방사선 치료의 장단점이 있었고, 나 역시 생존 가능성이 별로 없는 췌장암에 방사선 치료가 얼마나 효용성이 있을까를 놓고 고민하다가 결국 포기하고 말았던 것이다.

병원에서는 내게 새로 개발된 췌장암 실험 약을 무료로 먹어볼 것도 제의했으나 이마저도 거부했다. 그 대신 판교 사랑의 병원에서 고주파 온열 치료로 이를 대신했다. 비록 의학계의 표준 치료는 아니었지만 목사이면서 암 전문의인 황성주 박사의 지론을 따라 고용량 비타민C 정맥 주사, 미슬토 주사, 자닥신 주사, 고주파 온열 치료 등 통합 의학을 병행했다.

그날 나는 이미 심신이 지쳐 있어서 병원에 가질 못하고 아내와 여집사님들만 다녀왔다. 그중의 한 사람은 기도 시간에 어디선가 손이 나타나 나의 환부를 어루만지면서 치유하는 환상을 보았다고 하며 생식까지 먹게 하는 등, 지극 정성으로 나를 돌봐주셨던 분이었다.

그런데 이들 앞에서 의사는 내 검사 결과를 보고 깜짝 놀라며 말했다고 한다. 혈액 종양 수치가 지극히 정상으로 나왔다는 것이다. 원래 정상은 36까지인데 12였으니 전혀 이상이 없었던 것이다. 더구나 암세포가 전이되어 있었던 임파선(림프절)도 아주 깨끗하게 되어있었다.

이것을 본 의사는 고개를 갸우뚱하며 아내에게 자연식품을 먹고 있느냐는 질문을 했단다. 원래 S 병원에서는 생식과 같은 자연식품은 간에 무리를 줄 수 있으니 절대 먹지 말라고 주의를 주기까지 했다. 그런데 의사가 자연식품을 먹고 있느냐는 질문까지 하다니 참 아이러니하기도 했다. 결국 생식의 효능을 인정한단 말인가?

어쨌든 의학적으로 있을 수 없는 일이 일어나서 그런 반응을 보였는가 보다! 사실 난 췌장암을 앓기 시작하면서부터 부지런히 매일 두 끼 생식을 먹고 있었다. 그것은 지금도 마찬가지다. 일반 의술로는 고칠 수 없는 질병을 생식으로는 고칠 수 있을 거라는 막연한 기대감도 가졌는지 모른다. 그러나 누가 그것을 믿을 수 있을까?

정말 그때는 지푸라기라도 잡는 심정이었다. 집에 돌아온 아내와 성도들로부터 정상이라는 소식을 듣고 너무나 기쁜 나머지 우린 부끄러운 줄도 모른 채 서로를 얼싸안고 큰 소리로 "할렐루야"를 반복해서 외쳤다. 정말 죽음에서 생명으로 돌아온 바로 그 순간이었다. 이 사건을 통해 하나님께서 나를 치유 간증전도와 치유 기도의 도구로 사용하시기 위해 살려주신 것은 분명하며, 특히 이롬생식을 먹게 하셔서 나쁜 음식으로 병들어 가는 현대인을 창세기 1장 29절에 근거한 성경의 식단으로 바꾸게 하는데 일익을 감당하라는 세 번째 사명을 부여해 주신 것 같아 이 일에도 최선을 다하고 있다.

생식도 인간의 몸을 위한 하나님의 선물인 것이다. 그러나 많은 사람이 주체할 수 없는 식도락에 빠져 생식에 무관심한 것 같아 안타까울 뿐이다. 좋은 줄은 알면서도 굳이 먹지 않는 게 그 실태 중의 하나다. 그러나 대부분의 암이 먹는 것과 연관되어 있다는 것은 부인할 수가 없는 사실인데...

요즘 입맛에 좋은 음식을 많이 먹는 만큼 암과 기타 질병에 잘 걸린다는 사실은 누구라도 인지하고 있을 것이다. 그래도 내 권면에 귀를 기울여 생식을 먹는 사람들이 늘어나고 있는 것은 매우 고무적인 현상이다. 생식은 암만이 아니라 인체의 손상된 DNA를 회복시켜 모든 질병을 치료하는 능력이 있다는 것을 황성주 박사의 『생식 Life』 책을 통해서도 잘 알 수가 있다.

하나님께서 내 병을 고쳐주시고 7년이 넘도록 건강하게 하셔서 왕성하게 치유 간증 전도와 치유기도 사명을 감당하게 하시니 너무나 감사한 일이다. 지금도 몸의 컨디션이 최고조인 상태에서 이 글을 쓰고 있다.

> "하늘을 우러러 탄식하시며 그에게 이르시되 에바다 하시니 이는 열리라는 뜻이라 그의 귀가 열리고 혀가 맺힌 것이 곧 풀려 말이 분명하여졌더라"(마가복음 7:34-35).

정상 판정 후의 전도와 갑작스런 장출혈

혈액 종양 내과 의사로부터 정상 판정을 받은 나는 너무나 감사 감격하여 이때부터 살아계신 하나님을 간증하며 적극적으로 전도하기 시작했다. 그리고 추호도 재발을 의심하지 않았다. 하나님께서 내 췌장암을 고쳐주셨으니 재발할 리가 있겠는가!

하지만 당장 정상이 되었다고 해도 췌장암은 모든 암 가운데 최고의 재발률을 기록하는 무서운 병 가운데 하나인데 너무 배짱(?)이 좋았던가? 그래도 믿음의 힘인지 아무런 염려가 되지 않았다. 한창 아플 때는 들쭉날쭉했던 내 믿음이 이렇게 강해지다니 참으로 가늠할 수가 없는 게 인간의 믿음인가 보다! 사실 오래전 거의 돈 한 푼 없이 성전 건축을 감행한 것을 보면 나는 무모한 믿음의 소유자였던 것 같기도 하다.

그런데 정상 판정을 받은 뒤 1년이 조금 넘어 갑자기 다량의 붉은 피가 나오기 시작했다. 생각지 않게 심한 하혈을 하게 된 것이다. 내 인생 이런 일은 처음이었다. 피를 많이 쏟은 탓인지 그만 실신(失神)하게 되었고 앰블런스에 실려 가까운 병원 응급실로 가려고 했으나 췌장암 환자는 받아주질 않아 결국 내가 수술했던 S 병원으로 실려 가게 되었다.

이런 나를 본 의사는 아내에게 암세포가 온몸에 퍼졌으니 장례 준비를 하라고 하더라는 것이다. 그렇지 않아도 36회의 방사선 치료를 받지 않아서 의사들에게 미운털이 잔뜩 박힌 나였다.

그러나 온갖 정밀 검사를 다했지만 췌장암 세포는 전혀 보이질 않았고 임파선도 전이 현상이 없어서 지극히 정상이었으므로 의사도 그만 할 말을 잃고 말았다. 이후 나는 더 신이 나서 열심히 췌장암 치유 간증 전도를 할 수 있게 되었다.

난 성격상 무엇을 하든지 시작하기만 하면 앞뒤 좌우를 가리지 않고 전진하는 일편단심의 스타일이다. 그리고 책임감과 성실성도 유별난 편이다. 좀 더 구체적으로 표현하면 과업 지향형이다. 그러면서도 한번 맺은 인연은 잘 끊지를 못해 많이 힘들어하기도 한다.

가끔 아내는 나의 이런 성격 때문에 하나님께서 전도자로 쓰시는 것 같다고 한다. 하지만 그만큼 무거운 짐을 짊어지고 살 수밖에 없는 것이 어쩔 수 없는 내 숙명인가 보다.

이와 반면에 나와 많이 다른 아내는 매우 낙천적이고 여유로운 성격이어서 내게 큰 위로와 힘이 되고 있으니 감사한 일이다. 나는 이후로 전도에 날개를 달고 온 힘을 다해 살아계신 하나님을 전하며 정열을 불태웠다.

그러나 한참 후에 다시 큰일이 벌어질 줄이야!

"보블리오의 부친이 열병과 이질에 걸려 누워 있거늘 바울이 들어가서 기도하고 그에게 안수하여 낫게 하매 이러므로 섬 가운데 다른 병든 사람들이 와서 고침을 받고"(사도행전 28:8-9).

믿음의 증거와 의학의 증거

 그런데 첫 번째 장출혈을 잊어버릴 만한 시점에서 또다시 두 번째 장출혈이 재발했다. 결국 사이렌을 울리는 119구급대 차량에 실린 채 S 병원 응급실로 실려 갈 수밖에 없었다. 그만큼 췌장암 전력이 있는 환자는 아무리 작은 증상이라도 크게 취급을 받고 있었다. 그동안 하나님이 내 병을 고쳐주셨다며 얼마나 열심히 천국 복음을 전하고 다녔는데 이게 웬일이란 말인가! 그리고 췌장암 재발 여부를 다시 검사해야 하는 S 병원에 가는 것은 죽기보다 싫었다.

 이번에는 심상치 않은 마음이 들어서 검사를 받기

전에 탈출이라도 하고 싶은 심정이었지만 그때는 영하의 한겨울이었고 급한 나머지 엉겁결에 잠옷만 입은 채 이송되었기 때문에 입원은 어쩔 수가 없는 노릇이었다. 솔직히 당시는 설령 재발이 되었다 해도 굳이 이 사실을 알리지 않고 그냥 천국으로 가고 싶은 심정이었다. 그만큼 많은 전도를 하면서 외친 결과가 완전히 뒤집히는 것은 아닐까 하는 망상으로 두려워하며 떨고 있었다. 사람들 역시 재발한 나를 심히 비웃었을 것이다.

그러나 병원에서 아무리 정밀 검사를 해도 장출혈의 원인을 발견하지 못했다. 심지어 입으로 삼키는 초소형 캡슐 카메라까지 동원하여 샅샅이 조사했지만 아무 데도 의심되는 곳이 없었다. 그리고 그사이 저절로 출혈이 멈추고 말았다.

그 일로 인해 췌장암이 재발되었는지를 알아보는 정밀 검사를 시행한 것은 당연한 일이었다. 하지만 감사하게도 전혀 이상이 없었다. 의사에게 출혈 원인이 뭐냐고 물으니 알 수가 없다는 것이다. 병원에서는 췌장암이 사라진 이유도 몰랐고 장출혈이 생긴 이유도 몰랐다. 결국 며칠 입원실에 있으면서 환자들만 전도하고 퇴원을 하게 되었다.

특히 몸과 마음의 고통을 겪고 있는 암 환자들을 전도한 것은 아주 보람 있는 일이었다. 지금 생각하면 치유의 하나님께서 내 병을 고쳐주셨다는 것을 확신하고서 정상 판정을 받은 그날부터 완치 기간 5년이 되지 않았음에도 부지런히 불신자들을 전도했던 것은 너무 이른 행동은 아니었을까 하며 입가에 미소를 지어본다. 의학적으로는 있을 수가 없는 일이었기 때문이다. 어쨌든 전도를 해야 한다는 사명감에 정기 검진도 제대로 받질 않고 있었다. 그러므로 나는 절대 재발을 하면 안 되었다. 만일 재발을 한다면 하나님의 영광이 크게 가릴 것은 불을 보듯 뻔한 일이었으리라!

몇 년 간격으로 두 번에 걸쳐 발생한 장출혈 검사로 인해 오히려 췌장암 완치가 의학적으로 증명되었고, 지금도 몸의 체력과 건강이 청년 나이처럼 좋은 상태다. 이제 완치 만 7년이 지났으며 전도 사역 역시 왕성하게 감당하고 있다.

그런데 왜 장출혈이 발생했을까? 아무래도 변비 생약이 원인으로 작용한 것은 아닌가 유추해 본다. 내가 먹었던 생약 설명서를 보니 사람에 따라 장출혈을 일으킬 수도 있다는 내용이 있었기 때문이다. 나는 즉시 복약을 중단했고 그 후론 장출혈이 일어나질 않았다. 지금은 변비 역시 하나님의 은혜로 치유가 된 상태다. 난 이 사건이 우연한 것이 아니고 하나님께서 전도자인 나를 더욱 확실하게 세우기 위한 은혜의 프로젝트였다는 사실을 확신하고 있다. 하나님은 믿음의 증거와 의학의 증거를 동시에 갖추길 원하셨던 것이다.

> "열여덟 해 동안이나 귀신 들려 앓으며 꼬부라져 조금도 펴지 못하는 한 여자가 있더라 예수께서 보시고 불러 이르시되 여자여 네가 네 병에서 놓였다 하시고 안수하시니 여자가 곧 펴고 하나님께 영광을 돌리는지라"(누가복음 13:11-13).

치유의 이적은 기도를 통해서...

하나님께서 췌장암으로 죽을 수밖에 없었던 나를 굳이 살려주신 이유가 뭘까? 물론 전적인 그분의 뜻이었을 것이다. 인간이 무슨 공로를 자랑할 수 있겠는가? 우리가 구원받은 것도 은혜요, 쓰임을 받는 것도 은혜일 뿐이다.

그런데 심은 대로 거둔다는 성경 말씀을 근거해 볼 때 우리에게는 하나님 앞에서 부지런히 심는 작업이 필요한 것 같다. 적게 심으면 적게 거두고 많이 심으면 많이 거두기 때문이다. 굳이 성경이 아니더라도 이는 만고불변의 법칙이 아니겠는가.

내가 췌장암을 치유 받은 이유는 하나님이 늘 기도의 무릎을 꿇고 있는 나를 불쌍히 여기셔서 자비를 베풀어주셨기 때문이라고 생각한다.

열심히 기도했다는 것을 자랑하는 게 아니라 다른 근거는 전혀 생각나지 않기 때문이다. 1997년에 "입을 크게 열어 기도하라"는 말씀을 받았는데 2017년에 췌장암이 찾아왔으니 정확히 20년 만에 발병을 하고 치유를 받았다. 그동안 오직 기도로 목회 사역을 감당해 온 것은 당연한 일이었다. 심지어 교회가 성장할수록 하나님이 주신 말씀을 어기면 안 된다는 절박한 심정으로 기도를 더 확대해 갔고, 이런 변함없는 기도 생활이 순수성과 겸손함을 보존 유지하게 해주었다.

실제로 불치병 치유의 이적은 기도 없이는 나타나기가 어렵다고 본다. 부디 질병에 걸린 후 기도하기보다는 건강할 때 유비무환의 기도를 쌓아놓길 바라는 이유이다. 그것도 자의적이고 주관적인 기도보다 말씀을 깊이 묵상하는 적용의 기도가 하나님을 기쁘시게 하고 한층 균형 있고 건강한 기도로 드려질 것이다. 물론 하나님은 언제나 우리의 간절한 기도를 받으시고 은혜를 베풀어주시는 좋으신 분이시다.

난 췌장암을 치유 받은 후 지금까지 몇 년 동안 연인원 수천 명의 병자들 이름을 일일이 불러가며 매일 유튜브로 치유 기도를 드려왔다. 환자들 대부분은 만난 적도, 연락을 한 적도 없는 분들이다.

비록 대면 기도는 아니지만 이것도 중요한 사명이라 여겨지기 때문에 은혜를 갚는 자세로 헌신하고 있다. 중병을 앓아봤던 사람이 중병 환자의 심정이 어떤지를 잘 알아 그만큼 간절하게 기도해 줄 수가 있는 것 같다. 실제로 치유 기도에 대한 하나님의 명령도 여러 가지 영적 사인(spiritual sign)을 통해 확인한 바 있다.

기도는 기도하는 자를 속이지 않는다. 기도는 기도하는 자에게 기적을 선물한다. 그리고 기도해야 하나님께 은혜를 받고 그분이 보시기에 합당한 믿음의 삶을 살며 올바로 사명을 감당할 수가 있다.

"그러나 인자가 땅에서 죄를 사하는 권세가 있는 줄을 너희로 알게 하리라 하시고 중풍 병자에게 말씀하시되 내가 네게 이르노니 일어나 네 침상을 가지고 집으로 가라 하시매 그 사람이 그들 앞에서 곧 일어나 그 누웠던 것을 가지고 하나님께 영광을 돌리며 자기 집으로 돌아가니"(누가복음 5:24-25).

전도는 나에게 주어진 하나님의 명령

췌장암에서 살아난 나는 전도에 온 힘을 쏟기 시작했다. 그때가 2018년도이다. 그렇지만 평생을 전도하며 살아왔다고 해도 과언은 아닐 것이다. 그리고 나를 향한 하나님의 전도 계획은 어린 시절부터 주어진 것 같다. 가장 기억에 남는 것은 고향 교회 부흥회 기간 중 강사 목사님의 안수 기도 시 받은 마태복음 4장 19절 말씀이었다.

"말씀하시되 나를 따라오라 내가 너희를 사람
을 낚는 어부가 되게 하리라 하시니"

이 말씀은 방언 통변으로 받았다. '너희를'은 복수

2인칭 대명사인데 이 약속의 말씀을 따라 앞으로 주님께서 나와 함께할 전도자를 많이 붙여주실 것을 믿는다. 또한 내가 초등학생 시절, 조금 몸이 아파 누워 있을 때 달력에 있는 푸른 초원의 양떼가 평화롭게 풀밭을 걷고 있는 환상을 보았다. 이 환상은 한 번이 아니고 거의 온종일 지속되었다. 어떻게 정지 사진이 동영상으로 바뀔 수 있단 말인가?

그런데 오랜 세월 후 나는 췌장암에 걸리게 되었고, 체력이 온전히 회복되지 않았음에도 잃은 양들을 찾아 이리저리 헤매며 돌아다니기도 했다. 코로나19 당시의 노방 전도 역시 조금도 위축되지 않았다.

가락동 소재 새벽 교회 교육 전도사로 있을 때는, 서울 청계산 기도원에 올라 나의 무능함을 내어놓고 이래서 목회자가 되기 싫다고 떼를 쓸 때 하나님은 "이르시되 아버지여 만일 아버지의 뜻이거든 이 잔을 내게서 옮기시옵소서 그러나 내 원대로 마시옵고 아버지의 원대로 되기를 원하나이다 하시니"라는 누가복음 22장 44절 말씀과 "이제 가라 내가 네 입과 함께 있어서 할 말을 가르치리라"는 출애굽기 4장 12절 말씀을 주시면서 나를 하산시키셨다.

내가 오늘날 매일 성경 묵상에 진력하는 이유도 하나님은 거의 모든 응답을 말씀으로 주셨기 때문이다. 이렇게 전도에 힘쓰던 날 어느 새벽, 주님께서 말씀으로 내게 다시 찾아오셔서 격려해 주셨다.

> "보내심을 받지 아니하였으면 어찌 전파하리요 기록된 바 아름답도다 좋은 소식을 전하는 자들의 발이여 함과 같으니라"(로마서 10:15).

주님의 지상명령

당시에 열심히 전도함으로써 내게 4주간 노방 전도를 받은 인원이 총 92명이었는데 매주 23명으로 정확히 맞춰지는 일도 있었다. 전도한 숫자가 하나도 틀림이 없이 들어맞은 것도 내겐 매우 신기한 일이었다. 지금은 더욱 증가하여 매주 약 50명을 전도하고 있다.

그런데 하나님은 전도를 시키시기 전에 기도 훈련부터 받게 하셨다. 결국 기도가 전도로 승화되게 하신 것이다. 이것을 보면 기도를 위한 기도가 아니라 전도를 위한 기도가 되어야 가장 바람직하다는 생각을 한다. 만일 전도 없는 기도를 하고 있다면 속히 기도하면서 전도까지 하길 권면한다. 기도하시는 예수님은 전도하시는 예수님이셨지 않은가!

내가 오랜 세월 힘들게 기도했더니 하나님은 내게 전도의 물맷돌을 손에 쥐어주셔서 비교적 쉬운 전도를 하게 하신다. 그래서 불신자 골리앗을 췌장암 치유 간증 물맷돌로 한순간에 쓰러뜨리는 전도자가 될 수 있었는가 보다!

굳이 이런 표현을 하는 이유는 불신자들이 췌장암 치유 간증을 매개로 하는 천국 복음을 너무나 잘 받아들이기 때문이다. 물론 모두는 아니더라도 많은 경우가 그렇다는 것이다. 심지어 실추된 교회 이미지와도 별 상관없이 흡인력이 높은 전도를 하고 있다. 점점 주님 오실 때가 가까이 다가오고 있다.

그러므로 이 시대에 가장 중요한 일은 무엇일까? 두말할 것도 없이 복음 전파일 것이다. 전도가 쉽든 어렵든, 이에 개의치 말고 주님의 지상명령(The greatest commandment)이기 때문에 최선을 다해 사명을 감당해야 한다.

> "너희는 가서 모든 민족을 제자로 삼아 아버지와 아들과 성령의 이름으로 세례를 베풀고 내가 너희에게 분부한 모든 것을 가르쳐 지키게 하라"(마태복음 28:19-20).

전도의 효과

병이 낫고 난 후 성령께서 나에게 두 가지 사명을 주시는데 대면 전도와 비대면 SNS 전도로 온 세상에 복음을 전파하라는 것과 유튜브로 병자들을 위해 치유 기도를 하라는 것이었다.

그래서 오래도록 이 사명을 감당하고 있고 32개 언어를 번역 통역하여 췌장암 치유 간증 전도 영상을 70여 개 나라를 대상으로 각 나라 방송국 뉴스 영상 댓글란에 붙여넣기 전도를 한 결과 지금까지 87,000여 명의 세계인이 시청을 했고 좋아요 표시도 많이 보내왔다. 서울 상암 월드컵 경기장 수용 인인이

66,700여 명이라는데 가끔 전도 받은 인원을 생각해 보면 꿈같이 느껴져서 감사하기도 하다.

그 외 페이스북과 메시지로도 부지런히 복음을 전해 왔다. 그리고 매주 5회 길거리에서, 음식점에서, 병원에서, 마트에서, 학교에서, 자전거 도로에서, 산에서, 전철에서의 전도를 통해 현재 5,000여 명의 불신자들을 일일이 만나 예수 천국을 증언하기도 했다.

또한 하나님은 생각지 않게 <C채널 힐링 토크 회복 플러스> 방송에 출연하게 하셔서 치유 간증 전도의 사실성과 객관성을 확보하는데 도움이 되도록 인도하셨다.

요즘은 각 신학대학교를 다니면서 학생들에게 전도할 것을 권면하고 있다. 단지 교회의 수평 이동 성장만 추구하지 말고 영혼 구원의 전도를 하라는 것이다. 감사하게도 학생들의 반응이 매우 좋다. 앞으로도 여러 신학교를 방문하여 계속 불신자 전도를 독려할 계획이다.

그러나 사람들의 박수를 받는 전도가 아니라 하나

님 보시기에 바른 전도자가 되는 것은 내게 피할 수가 없는 큰 과제이기도 하다. 차라리 아무것도 하지 않고 있으면 오히려 육체적으로도 편하고 정신적으로도 평온할 텐데 예전과는 달리 워낙 활동적인 생활을 하다 보니 요동치는 시험의 파고(波高)를 헤치고 전진하는 것 같아 하나님 앞에서의 마음을 정돈하고 제어하느라 매우 조심할 수밖에 없는 것 같다.

그리고 다행히 인생을 살아오면서 나에게 확실하게 남는 것은 천국밖에 없다는 결론을 갖게 되었다는 점이다. 죽음의 심각한 고통을 맛보았던 나는 늘 죽음 준비를 하며 사는 사람으로 인생 목표가 바뀐 것이다. 그래서 앞으로도 계속 구원의 복음을 전하다가 천국에 가고 싶은 일념으로 하루하루를 채워가는 종말론적인 삶을 살고 있다. 오직 다시 오실 우리 주님께만 큰 영광을 올린다.

> "너는 말씀을 전파하라 때를 얻든지 못 얻든지 항상 힘쓰라 범사에 오래 참음과 가르침으로 경책하며 경계하며 권하라"(디모데후시 4.2).

에필로그

　이제 내 췌장암 완치 간증을 마치려 한다. 앞으로 내가 언제까지 복음을 전하며 맡겨진 사명을 수행할 수 있을지는 모른다. 그러나 병들어 자리에 눕기까지는 지옥 심판을 앞두고 있는 불쌍한 영혼들에게 천국 복음을 배달하는 삶을 살고 싶다. 아니, 더는 걸을 수가 없게 되더라도 손가락을 움직여서 온 세계인을 대상으로 SNS 전도를 지속하면 된다. 우리 다시 천국에서 만날 때까지 충성을 다하며 신실한 증인의 삶을 살기를 바란다.

　부족한 내 글을 읽어주신 모든 분께도 감사드리며

늘 주님이 주시는 구원의 기쁨으로 행복하게 사시길 소망한다.

"Soli Deo gloria."

"오직 하나님만 영광 받으소서."

치유기도문

창조주 하나님, 구속의 주 하나님, 한 사람 한 사람의 생사화복을 주관하시는 하나님.

저를 사랑하시고 어떤 일을 통해서든지 합력하여 선을 이루시는 하나님 아버지, 간절한 심정으로 올리는 제 기도를 받으시옵소서.

이 시간 주님만 의지하며 간구하오니 치유의 권능을 베풀어 주옵소서. 제가 앓고 있는 모든 질병을 깨끗하게 고쳐 주옵소서.

오직 하나님만 바라보는 불쌍한 저에게 자비와 긍휼을 허락하여 주옵소서. 저의 아픈 몸도, 마음도 십자가 피 묻은 손으로 어루만져 주옵소서.

살아계신 주님께서 병 고침의 권세와 능력으로 역사하여 주시고 온전히 건강을 회복시켜 주옵소서. 십자가를 타고 흘러내리는 보혈의 능력으로 모든 병을 완전히 고쳐주옵소서.

예수 그리스도의 보혈로 죄와 사망에서 건져주시고 영원한 생명을 얻게 하신 하나님, 이제는 하나님의 영광을 위하여 육신의 질병도 치유하여 주옵소서.

성경에 나오는 모든 질병 치유의 사건이 함께 부르짖는 제게도 나타나게 하옵소서.

제가 나병을 치유 받은 나아만이 되게 하옵소서.

제가 눈을 뜬 바디매오가 되게 하시고 고침을 받은 중풍 병자가 되게 하옵소서.

먼저 그동안 하나님의 말씀을 벗어나 지은 모든 죄를 회개할 때 정결하게 하실 줄 믿습니다.

주님께서 주시는 치유와 회복의 은혜를 체험하고 날마다 예배와 복음 증거의 삶을 살게 하옵소서.

> 그 이름을 믿으므로 그 이름이 너희가 보고 아는 이 사람을 성하게 하였나니 예수로 말미암아 난 믿음이 너희 모든 사람 앞에서 이같이 완전히 낫게 하였느니라 (사도행전 3:16).